Ludwig Feuerbach e o fim da filosofia clássica alemã

Friedrich Engels

copyright Hedra
edição brasileira© Hedra 2020
tradução© Vinicius Matteucci de Andrade Lopes

título original *Ludwig Feuerbach und der Ausgang der klassischen deutschen Philosophie*
edição consultada Karl Marx/Friedrich Engels – Werke. (Karl) Dietz Verlag. Berlin. Band21, 5. Auflage 1975, unveränderter Nachdruck der 1. Auflage 1962, Berlin/DDR.S 291–307, 1915

edição Jorge Sallum
coedição Felipe Musetti
editor assistente Paulo Henrique Pompermaier
capa e projeto gráfico Lucas Kröeff

ISBN 978-85-7715-674-0

*Grafia atualizada segundo o Acordo Ortográfico da Língua
Portuguesa de 1990, em vigor no Brasil desde 2009.*

*Direitos reservados em língua
portuguesa somente para o Brasil*

EDITORA HEDRA LTDA.
R. Fradique Coutinho, 1139 (subsolo)
05416–011 São Paulo SP Brasil
Telefone/Fax +55 11 3097 8304

editora@hedra.com.br
www.hedra.com.br

Foi feito o depósito legal.

Ludwig Feuerbach e o fim da filosofia clássica alemã

Friedrich Engels

Vinicius Matteucci de Andrade Lopes
(*tradução* e *posfácio*)

1ª edição

hedra

São Paulo   2020

Friedrich Engels (Barmen, 1820–Londres, 1895), revolucionário alemão, conhecido por sua profícua parceria com Karl Marx, com quem divide a autoria do célebre *Manifesto comunista*. Filho mais velho de um industrial da tecelagem, Engels foi um dos primeiros teóricos modernos a escrever sobre as condições de vida da classe trabalhadora, considerada o produto mais autêntico da modernidade capitalista. Em Bruxelas, auxiliou na formação da Liga dos Comunistas, em 1847. Além de colaborar com Karl Marx na composição de *O Capital*, algumas de suas obras próprias foram, posteriormente, consideradas fundantes do marxismo, como o *Anti-Dühring* e *Ludwig Feuerbach e o fim da filosofia clássica alemã*. Com a morte de Marx, trabalhou na preparação e na publicação dos dois últimos volumes de *O Capital*.

Ludwig Feuerbach e o fim da filosofia clássica alemã, ou *o ponto de saída da filosofia clássica alemã*, é um dos textos mais conhecidos do período tardio de Engels, com grande influência nas discussões marxistas posteriores. Foi publicado pela primeira vez nos volumes 4 e 5 da revista *Die Neue Zeit* (1886). Uma versão brevemente estendida sai em 1888 (Dietz, Stuttgart), juntamente com o anexo da primeira aparição das *Teses sobre Feuerbach* de 1845. O texto reelabora a crítica à filosofia alemã desenvolvida em seu período de juventude, junto com Marx, ao mesmo tempo em que defende a potência crítica do *materialismo-histórico marxista* em oposição aos outros materialismos, idealismos e positivismos no contexto histórico alemão pós-revolução de 1848.

Vinicius Matteucci de Andrade Lopes é graduado em Direito pela PUC-SP (2010) e em História pela FFLCH-USP (2013), com período de intercâmbio em Filosofia na *Universität Heidelberg* (2012–2013) e na *Albert-Ludwigs-Universität Freiburg* (2013). Atualmente é doutorando em Filosofia (FFLCH-USP), como bolsista do DAAD na *Goethe Universität Frankfurt am Main* (2019–2021). Desenvolve pesquisa sobre os efeitos ideológicos da expansão da relação-capital nos anos 1920 e 1930 na Alemanha, tendo como ponto de inflexão as discussões filosóficas e políticas do período. Tradutor literário do alemão, especializado em história, filosofia, sociologia e direito.

Ludwig Feuerbach e o fim da filosofia clássica alemã

Friedrich Engels

Sumário

Apresentação 7

LUDWIG FEUERBACH E O FIM DA FILOSOFIA CLÁSSICA
ALEMÃ 13
Nota prévia 15
Primeira parte 19
Segunda parte 43
Terceira parte 67
Quarta parte 87

Notas 131
Posfácio, *por Vinicius Matteucci de Andrade Lopes* 139

Apresentação

Ludwig Feuerbach e o fim da filosofia clássica alemã (1886) teve certamente uma influência fundamental na construção do marxismo do século xx. Basta dizer que é um texto com o qual Lukács e Lenin estabeleceram mais de uma vez diálogo. Considerada pelo próprio autor um aprofundamento da crítica que desenvolveu com Marx, desde a juventude, à filosofia pós-hegeliana, a obra tornou-se um exemplo de como realizar uma investigação marxista de importantes vertentes do pensamento filosófico ocidental.

Por intermédio de Bernstein e Kautsky, o texto aparece para o público pela primeira vez nos volumes 4 e 5 da revista *Die Neue Zeit*, em 1886. Uma versão estendida é publicada em 1888 (Dietz, Stuttgart), juntamente com o anexo da primeira aparição das *Teses sobre Feuerbach*, de 1845. O contexto de redação remete à publicação da tese de doutorado do dinamarquês Carl Nicolaj Starcke acerca da obra de Ludwig Feuerbach, filósofo que impactou profundamente a formação intelectual de Marx e Engels, sobretudo no que se refere à crítica de ambos à filosofia hegeliana. Mas o leitor atento observará, rapidamente, que o texto engelsiano não se limita a apresentar uma resenha crítica aos aportes de Starcke sobre Feuerbach. Ao contrário, Engels aproveita a resposta a Starcke para elaborar um amplo balanço de toda a experiência filosófica na Alemanha, sem perder de vista as imbricações entre a particularidade do desenvolvimento capitalista alemão e suas repercussões na formação do pensamento filosófico após o fracasso das revoluções de 1848.

Dividido em quatro partes, o texto é um aceno à crítica de Marx e Engels à *ideologia alemã* dos anos 1840 — lembrando que os manuscritos desse período (*A ideologia alemã*) somente serão publicados em 1932 — e, ao mesmo tempo, uma crítica aos aspectos fundamentais da consciência filosófica dos anos 1886, cujas raízes remetem ao contexto histórico que se segue às revoluções de 1848, ao golpe de Napoleão III, à Comuna de Paris e ao desfecho da *via prussiana* com a unificação alemã, em 1871. Mais especificamente, Engels observa que, passados quarenta anos dos manuscritos da *Ideologia alemã*, o papel da filosofia e, principalmente, da ciência havia mudado. O *ponto de saída* da expansão da relação-capital pós-1848 decreta o fim do agora "clássico" período da filosofia alemã, abrindo espaço para o primeiro grande momento de autorreflexividade do mundo burguês, marcado pela contradição entre a *aparência da razão* burguesa e seu *conteúdo irracional*. Ao conectar, ainda que indiretamente, o *ponto de expansão da relação-capital* na Alemanha pós-1848 e o *ponto de transição do período clássico da filosofia burguesa*, Engels sugere, pela primeira vez, um novo momento de consolidação da *consciência histórica burguesa* que iria desaguar — seguindo um dos principais marxistas influenciados por esse texto, Georg Lukács — no irracionalismo do período do II Reich alemão.

Diante de tal conjuntura era preciso defender a potência crítica do *materialismo-histórico marxista*, em direta oposição aos outros materialismos — principalmente ao anglo-francês, bem como o de Feuerbach —, ao idealismo "clássico" — na figura central de Hegel — e às metafísicas positivistas do final do século XIX, posteriores ao momento clássico, como o *neokantismo* na Alemanha. A reflexão de Engels em *Ludwig Feuerbach e o fim da filosofia clássica alemã* pode ser considerada, nesse sentido, como a primeira aproximação materialista *crítica do neokantismo*.

Em termos estruturais, é possível afirmar que o texto começa, justamente, com uma discussão conceitual sobre mate-

rialismo e idealismo mediada pelo duplo sentido da dialética hegeliana (seu lado revolucionário e reacionário); passa criticamente, então, por Feuerbach e pelo papel dos progressos científicos diante da clássica relação alemã metafísica/filosofia da natureza; e encerra com a crítica de Marx e a consciência de classe revolucionária do trabalhador, essa o verdadeiro *ponto de saída*, e não apenas da filosofia alemã.

O leitor que conhece as obras de Engels certamente poderá, também, estabelecer uma aproximação com outros textos escritos ao longo da década de 1870 e 1880, como o *Anti-Dühring* (1878) e a *Dialética da natureza* (1886), principalmente no que se refere ao problema do método dialético. Uma inflexão, porém, que poderia limitar a intenção fundamental do próprio texto: ser, ao mesmo tempo, um acerto de contas com o materialismo histórico iniciado por Engels e Marx em 1845, e um enfrentamento crítico à conjuntura alemã de 1886. O que costura esse duplo aspecto, mesmo ao levar-se em conta as discussões conceituais esboçadas, é o passo e descompasso específico do desenvolvimento histórico alemão da década de 1840 até o início da década de 1880.

Engels é um autor que nunca se esquivou da tentativa de desdobrar temas abstratos ou conceituais na sua vinculação com a concretude histórica. Uma vinculação que se torna, a partir de então, pressuposto de qualquer leitura materialista, muito mais fácil de ser prometida do que cumprida enquanto investigação.

NOTA DA TRADUÇÃO

Como mencionado na Apresentação, o texto de Engels tem duas versões. A primeira, de 1886, publicada na revista *Die Neue Zeit* em dois momentos (abril e maio), e uma versão brevemente estendida publicada em 1888 pela *Dietz Verlag* como livro, juntamente com a primeira aparição das 11 teses de Marx sobre Feuerbach de 1845 (*Karl Marx über Feuerbach vom Jahre 1845*). A presente tradução, embora baseada na versão da MEGA,[*] que se vale da primeira edição em revista, apresenta as partes estendidas que compõe o livro de 1888, assim como a *nota prévia* não presente em 1886. Ao longo do texto indicamos com barras verticais [||], tanto na versão alemã como na tradução, as partes acrescentadas por Engels em 1888. As notas explicativas foram reunidas ao final do livro, quando indicadas por [N. A.] referem-se a comentários do próprio Engels, quando assinaladas por [N. T.] são de autoria do tradutor. Mantivemos o título original das traduções latinas que seguem a versão francesa de 1894 (*Ludwig Feuerbach et la fin* [Ausgang] *de la philosophie classique allemande*). A rigor, o termo exato, mais literal e que abrange o múltiplo sentido da leitura de Engels seria *o ponto de saída* (*Ausgang*) *da filosofia clássica alemã*. A tradução italiana de Palmiro Togliatti — *Ludwig Feuerbach e il punto d'approdo della filosofia classica tedesca* (1976) — também questiona, de certa forma, essa limitação do *Ausgang* como um mero *fim*, em que um movimento se encerraria e deixaria de existir em si mesmo. Trata-se, antes, de um *ponto de chegada* (*punto d'approdo*), que acumula todo um processo precedente e abre um novo caminho *a partir desse acumulo*. Importante aqui é considerar o sentido de movimento, de transição, que o ano de 1848 representava como ponto, ao mesmo tempo, de chegada e saída, pelo qual as portas para a outra época da racionalidade burguesa se abrem.

---

[*]. ENGELS, F. *Werke. Artikel. Entwürfe. Oktober 1886 bis Februar 1891*, Band 31, I. bearbeitet von Renate Merkel-Melis. Akademie Verlag GmbH, Berlin, 2002.

Ludwig Feuerbach

und der Ausgang der

Klassischen Deutschen Philosophie

von

Friedrich Engels

Revidirter Sonder-Abdruck aus der „Neuen Zeit"

Mit Anhang:

Karl Marx über Feuerbach
vom Jahre 1845.

Stuttgart
Verlag von J. H. W. Dietz
1888.

Ludwig Feuerbach e o fim
da filosofia clássica alemã

Vorbemerkung

In der *Vorrede von „Zur Kritik der Politische Ökonomie"*, Berlin, 1859, erzählt Karl Marx, wie wir beide 1845 in Brüssel uns dranmanchten, „den Gegenstaz usrer Ansicht" — die namentlich durch Marx herausgearbeiteten materialistischen Geschichtsauffassung — „gegen die idelogische der deutsche Philosophie gemeinschaftlich auszuarbeiten, in der Tat mit unserm ehemaligen philosophischen Gewissen aubzurechnen. Der vorsatz wurde ausgeführt in der Form einer *Kritik der nachhegelschen Philosophie*. Das Manuskript, zwei strake Oktavbände, was längst an seinem Verlagsort in Westfalen angelangt, als wir die Nachricht erhielten, daß veränderte Umstände den Druck nicht erlaubten. Wir überließen das Manuskript der nagenden Kritik der Mäuse um so williger, als wir unsern Hauptzweck erreicht hatten — Selbstverstädigung."

Seitdem sind über vierzig Jahre verflossen, und Marx ist gestorben, ohne daß sich einem von uns Gelegenheit geboten hätte, auf den Gegenstand zurückzukommen. Über unser Verhältnis zu Hegel haben wir uns stellenweise geäußert, doch nirgends in umfassendem Zusammenhang. Auf Feuerbach, der doch in mancher Beziehung ein Mittelglied zwischen der Hegelschen Philosophie und unsrer Auffassung bildet, sind wir nie wieder zurückgekommen.

Inzwischen hat die Marxsche Weltanschauung Vertreter gefunden weit über Deutschlands und Europas Grenzen hinaus und in allen gebildeten Sprachen der Welt. Andrerseits erlebt die klassische deutsche Philosophie im Ausland eine Art Wiedergeburt, namentlich in England und Skandinavien, und selbst

Nota prévia[1]

No prefácio da *Crítica da economia política*, Berlim, 1859, Karl Marx conta como nós em 1845, em Bruxelas, começamos "a realizar em conjunto o contraste de nossa visão" — a concepção materialista da história elaborada por Marx — "em oposição à visão ideológica da filosofia alemã, visando, de fato, acertar contas com nossa consciência filosófica da época. O propósito foi realizado na *forma da filosofia pós-hegeliana*. O manuscrito [*A ideologia alemã*], dois grossos volumes dividido em oitavos, há muito já estava na editora em Westfalen quando recebemos a mensagem de que circunstâncias alteradas não permitiriam a publicação. Deixamos o manuscrito para a crítica roedora dos ratos, tanto mais de boa vontade na medida em que já havíamos alcançado nosso objetivo principal: autocompreensão".

Desde então se passaram mais de 40 anos, e Marx morreu sem que nos tivesse sido oferecida a oportunidade de retornar ao objeto. Sobre nossa relação com Hegel nos pronunciamos em partes separadas, porém nunca em um contexto amplo. A Feuerbach, que, em mais de um aspecto, estabelece um meio de ligação entre a filosofia de Hegel e nossa concepção, nunca retornamos.

Entretanto, a visão de mundo de Marx encontrou representantes muito além da Alemanha e Europa e em todas as línguas cultas do mundo. Por outro lado, a filosofia clássica alemã vivencia uma espécie de renascimento no exterior, particularmente na Inglaterra e Escandinávia, e mesmo na Alemanha

in Deutschland scheint man die eklektischen Bettelsuppen satt zu bekommen, die dort an den Universitäten ausgelöffelt werden unter dem Namen Philosophie.

Unter diesen Umständen erschien mir eine kurze, zusammenhängende Darlegung unsres Verhältnisses zur Hegelschen Philosophie, unsres Ausgangs wie unsrer Trennung von ihr, mehr und mehr geboten. Und ebenso erschien mir eine volle Anerkennung des Einflusses, den vor allen andern nachhegelschen Philosophen Feuerbach, während unsrer Sturm-und Drangperiode, auf uns hatte, als eine unabgetragene Ehrenschuld. Ich ergriff also gern die Gelegenheit, als die Redaktion der „Neuen Zeit" mich um eine kritische Besprechung des Starckeschen Buchs über Feuerbach bat. Meine Arbeit wurde im 4. und 5. Heft 1886 jener Zeitschrift veröffentlicht und erscheint hier in revidiertem Sonderabdruck.

Ehe ich diese Zeilen in die Presse schicke, habe ich das alte Manuskript von 1845/46 nochmals herausgesucht und angesehn. Der Abschnitt über Feuerbach ist nicht vollendet. Der fertige Teil besteht in einer Darlegung der materialistischen Geschichtsauffassung, die nur beweist, wie unvollständig unsre damaligen Kenntnisse der ökonomischen Geschichte noch waren. Die Kritik der Feuerbachschen Doktrin selbst fehlt darin; für den gegenwärtigen Zweck war es also unbrauchbar. Dagegen habe ich in einem alten Heft von Marx die im Anhang abgedruckten elf Thesen über Feuerbach gefunden. Es sind Notizen für spätere Ausarbeitung, rasch hingeschrieben, absolut nicht für den Druck bestimmt, aber unschätzbar als das erste Dokument, worin der geniale Keim der neuen Weltanschauung niedergelegt ist.

London, 21. Februar 1888

parece estar farta de receber as sopas ecléticas como esmolas servidas nas universidades de lá sob o nome de filosofia.

Sob essas circunstâncias, uma breve e coerente exposição de nossa relação com a filosofia hegeliana, nosso ponto de partida e nossa ruptura com ela, parecia cada vez mais necessária. E também me pareceu necessário um reconhecimento completo da influência que, acima de todos os outros filósofos pós-hegelianos, Feuerbach teve sobre nós durante nosso período de *Strum und Drang* [tempestade e ímpeto], como uma dívida de honra não quitada. Por isso, aproveitei de bom grado a oportunidade quando os editores da *Neue Zeit* solicitaram-me uma revisão crítica do livro de Starcke sobre Feuerbach. Meu trabalho foi publicado no quarto e quinto cadernos dessa revista em 1886, e aparece aqui em uma edição especial revisada.

Antes de enviar essas linhas para a imprensa, olhei novamente para o antigo manuscrito de 1845/46. A seção sobre Feuerbach não está concluída. A parte terminada consiste em uma exposição da concepção materialista da história que apenas demonstra o quanto, naquela época, os nossos conhecimentos da história econômica eram ainda incompletos. Falta a crítica à própria doutrina de Feuerbach; não era, portanto, aproveitável para o objetivo atual. Por outro lado, em um antigo caderno de Marx, encontrei as onze teses sobre Feuerbach reproduzidas em apêndice.[2] São notas para elaboração posterior, escritas rapidamente, absolutamente não destinadas à impressão, mas inestimáveis como o primeiro documento no qual é estabelecido o genial embrião da nova visão de mundo.

Londres, 21 de fevereiro de 1888

Die Neue Zeit. Jg. 4.
1886. Nr, 4, April

I

Die vorliegende Schrift führt uns zurück zu einer Periode, die, der Zeit nach, ein gutes Menschenalter hinter uns liegt, die aber der jetzigen Generation in Deutschland so fremd geworden ist, als wäre sie schon ein volles Jahrhundert alt. Und doch war sie die Periode der Vorbereitung Deutschlands für die Revolution von 1848; und alles, was seitdem bei uns geschehn, ist nur eine Fortsetzung von 1848, nur Testamentsvollstreckung der Revolution.

Wie in Frankreich im achtzehnten, so leitete auch in Deutschland im neunzehnten Jahrhundert die philosophische Revolution den politischen Zusammenbruch ein. Aber wie verschieden sahn die beiden aus! Die Franzosen in offnem Kampf mit der ganzen offiziellen Wissenschaft, mit der Kirche, oft auch mit dem Staat; ihre Schriften jenseits der Grenze, in Holland oder England gedruckt, und sie selbst oft genug drauf und dran, in die Bastille zu wandern. Dagegen die Deutschen – Professoren, vom Staat eingesetzte Lehrer der Jugend, ihre Schriften anerkannte Lehrbücher, und das abschließende System der ganzen Entwicklung, das Hegelsche, sogar gewissermaßen zum Rang einer königlich preußischen Staatsphilosophie erhoben! Und hinter diesen Professoren, hinter ihren pedantisch-dunklen Worten, in ihren schwerfälligen, langweiligen Perioden sollte sich die Revolution verstecken? Waren denn nicht grade die Leute, die damals für die Vertreter der Revolution galten, die Liberalen, die heftigsten Gegner

Die Neue Zeit. Ano 4.
Caderno 4, abril de 1886.

I

O presente escrito[3] nos conduz novamente a um período que, de acordo com a época, já ficou uma boa geração para trás, mas que já se tornou tão estranho para a atual geração na Alemanha como se tivesse completado um século inteiro de idade. E foi, no entanto, o período de preparação da Alemanha para a revolução de 1848; e tudo o que desde então aconteceu conosco é apenas uma avanço de 1848, apenas execução do testamento da revolução.

Assim como na França do século XVIII, também na Alemanha do século XIX a revolução filosófica preparou o colapso político. Mas quão diversas ambas parecem! Os franceses em luta aberta contra todo o saber oficial, contra a Igreja, frequentemente também contra o Estado; os seus escritos impressos além das fronteiras, na Holanda ou na Inglaterra, e eles próprios, com frequência, prontos a marchar para a Bastilha. Os alemães em contrapartida: professores universitários, doutrinadores da juventude estabelecidos pelo Estado; seus escritos, manuais doutrinários reconhecidos, e o sistema que encerra todo o desenvolvimento, o sistema hegeliano, que foi, inclusive, elevado ao nível de uma filosofia de Estado da realeza prussiana! E quem diria que a revolução se esconderia por detrás desses professores, por detrás das suas palavras pedantemente obscuras, em seus prolixos e maçantes períodos? Afinal, não eram justamente os liberais as pessoas consideradas, naquela época, os representantes da revolução, os adversários mais du-

dieser die Köpfe verwirrenden Philosophie? Was aber weder die Regierungen noch die Liberalen sahen, das sah bereits 1833 wenigstens *ein* Mann, und der hieß allerdings Heinrich Heine.

Nehmen wir ein Beispiel. Kein philosophischer Satz hat so sehr den Dank beschränkter Regierungen und den Zorn ebenso beschränkter Liberalen auf sich geladen wie der berühmte Satz Hegels: „Alles was wirklich ist, ist vernünftig, und alles was vernünftig ist, ist wirklich."

Das war doch handgreiflich die Heiligsprechung alles Bestehenden, die philosophische Einsegnung des Despotismus, des Polizeistaats, der Kabinettsjustiz, der Zensur. Und so nahm es Friedrich Wilhelm III., so seine Untertanen. Bei Hegel aber ist keineswegs alles, was besteht, ohne weiteres auch wirklich. Das Attribut der Wirklichkeit kommt bei ihm nur demjenigen zu, was zugleich notwendig ist; „die Wirklichkeit erweist sich in ihrer Entfaltung als die Notwendigkeit"; eine beliebige Regierungsmaßregel — Hegel führt selbst das Beispiel „einer gewissen Steuereinrichtung" an — gilt ihm daher auch keineswegs schon ohne weiteres als wirklich. Was aber notwendig ist, erweist sich in letzter Instanz auch als vernünftig, und auf den damaligen preußischen Staat angewandt, heißt also der Hegelsche Satz nur: Dieser Staat ist vernünftig, der Vernunft entsprechend, soweit er notwendig ist; und wenn er uns dennoch schlecht vorkommt, aber trotz seiner Schlechtigkeit fortexistiert, so findet die Schlechtigkeit der Regierung ihre Berechtigung und ihre Erklärung in der entsprechenden Schlechtigkeit der Untertanen. Die damaligen Preußen hatten die Regierung, die sie verdienten.

Nun ist aber die Wirklichkeit nach Hegel keineswegs ein Attribut, das einer gegebnen gesellschaftlichen oder politischen Sachlage unter allen Umständen und zu allen Zeiten zukommt. Im Gegenteil. Die römische Republik war wirklich, aber das |sie verdrängende| römische Kaiserreich auch. Die französische Monarchie war |1789| so unwirklich geworden, d.h. so

ros dessa filosofia que confunde as cabeças? O que, porém, nem os governos nem os liberais viram já foi visto, em 1833, pelo menos por *um* homem, e ele se chamava Heinrich Heine.[4]

Tomemos um exemplo. Nenhuma proposição filosófica carregou consigo igualmente a gratidão de governos limitadores e a cólera de liberais como a famosa proposição de Hegel: "Tudo o que é efetivo é racional, e tudo o que é racional é efetivo."[5]

Isso era, porém, a evidente santificação de todo o elemento existente, a consagração filosófica do despotismo, do Estado policial, da justiça de gabinete, da censura. E tal como Frederico Guilherme III assim entendeu, assim entenderam os seus súditos. Mas, em Hegel, de modo nenhum tudo aquilo que existe é também automaticamente efetivo. Para ele, o atributo da realidade efetiva cabe apenas àquilo que, ao mesmo tempo, é necessário: "a realidade efetiva mostra-se em seu desdobramento como a necessidade".[6] Um regulamento governamental arbitrário — o próprio Hegel remete ao exemplo "de certa instituição fiscal"[7] — de modo algum tem, para ele, validade automática como algo efetivo. O que é necessário, porém, comprova-se, em última instância, também como racional e, aplicada ao Estado prussiano daquela época, a proposição de Hegel quer dizer apenas: este Estado é racional, correspondente à razão, na mesma medida em que é necessário; e se ele, porém, apresenta-se para nós como perverso, mas apesar da sua perversidade continua a existir, a perversidade do governo encontra a sua justificação e a sua explicação na correspondente perversidade dos súditos. Os prussianos daquela época tinham o governo que mereciam.

Afinal, segundo Hegel, a realidade efetiva não é de modo algum um atributo que condiz com um estado de coisas social ou político dado em todas as circunstâncias e em todos os tempos. Pelo contrário. A República Romana era efetiva, mas o Império Romano | que a suplantou | também. A Monarquia Francesa, | em 1789, | tinha-se tornado tão inefetiva, isto é, tão desprovida de toda a necessidade, tão irracional, que tinha de

aller Notwendigkeit beraubt, so unvernünftig, daß sie vernichtet werden mußte durch die große Revolution, von der Hegel stets mit der höchsten Begeisterung spricht. Hier war also die Monarchie das Unwirkliche, die Revolution das Wirkliche. Und so wird im Lauf der Entwicklung alles früher Wirkliche unwirklich, verliert seine Notwendigkeit, sein Existenzrecht, seine Vernünftigkeit; an die Stelle des absterbenden Wirklichen tritt eine neue, lebensfähige Wirklichkeit – friedlich, wenn das Alte verständig genug ist, ohne Sträuben mit Tode abzugehn, gewaltsam, wenn es sich gegen diese Notwendigkeit sperrt. Und so dreht sich der Hegelsche Satz durch die Hegelsche Dialektik selbst um in sein Gegenteil: Alles, was im Bereich der Menschengeschichte wirklich ist, wird mit der Zeit unvernünftig, ist also schon seiner Bestimmung nach unvernünftig, ist von vornherein mit Unvernünftigkeit behaftet; und alles, was in den Köpfen der Menschen vernünftig ist, ist bestimmt, wirklich zu werden, mag es auch noch so sehr der bestehenden scheinbaren Wirklichkeit widersprechen. Der Satz von der Vernünftigkeit alles Wirklichen löst sich nach allen Regeln der Hegelschen Denkmethode auf in den andern: Alles was besteht, ist wert, daß es zugrunde geht.

Dann aber grade lag die wahre Bedeutung und der revolutionäre Charakter der Hegelschen Philosphie (auf die, als den Abschluß der ganzen Bewegung seit Kant, wir uns hier beschränken müssen), daß sie der Endgültigkeit aller Ergebnisse des menschlichen Denkens und Handelns ein für allemal den Garaus machte. Die Wahrheit, die es in der Philosophie zu erkennen galt, war bei Hegel nicht mehr eine Sammlung fertiger dogmatischer Sätze, die, einmal gefunden, nur auswendig gelernt sein wollen; die Wahrheit lag nun in dem Prozeß des Erkennens selbst, in der langen geschichtlichen Entwicklung der Wissenschaft, die von niedern zu immer höhern Stufen der Erkenntnis aufsteigt, ohne aber jemals durch Ausfindung einer sogenannten absoluten Wahrheit zu dem Punkt zu gelangen,

ser aniquilada pela grande revolução sobre a qual Hegel sempre fala com o maior entusiasmo. Aqui, portanto, a monarquia era o elemento inefetivo, e a revolução o efetivo. E, no curso do desenvolvimento, todo o elemento anteriormente efetivo se torna inefetivo, perde a sua necessidade, o seu direito de existência, seu caráter racional; toma o lugar do efetivo que padece uma nova e viável realidade efetiva: pacificamente, se a antiga é suficientemente sensata para marchar para a morte sem resistência; pela força da violência, caso se oponha a essa necessidade. E, assim, a proposição de Hegel, por meio da própria dialética hegeliana, inverte-se no seu contrário: tudo o que no âmbito da história humana é efetivo torna-se, com o tempo, irracional, é, portanto, já segundo sua determinação, irracional, está desde o princípio afetado com a irracionalidade; e tudo o que na cabeça dos homens é racional está determinado a se tornar efetivo, caso esse também ainda possa contradizer a aparente realidade efetiva existente. A proposição da racionalidade de todo o elemento efetivo real dissolve-se, segundo todas as regras do método de pensar de Hegel, nesta outra: tudo o que existe é digno de perecer.

Mas a verdadeira significação e o caráter revolucionário da filosofia de Hegel (na qual temos que nos limitar aqui como o desfecho de todo o movimento desde Kant) consistia justamente no fato que ele, de uma vez por todas, acabou com o caráter definitivo de todos os resultados do pensar e do agir humanos. A verdade, que valia conhecer na filosofia, não era mais para Hegel uma coleção de proposições dogmáticas prontas que, uma vez encontradas, apenas se buscava decorar; a verdade consistia agora no processo do próprio conhecer, no longo desenvolvimento histórico do saber, que se eleva de estágios inferiores do conhecimento para estágios sempre superiores sem jamais, porém, alcançar, por meio do processo de localização de uma, assim chamada, verdade absoluta, o ponto em que não pode mais avançar, em que não lhe resta mais nada além

wo sie nicht mehr weiter kann, wo ihr nichts mehr übrigbleibt, als die Hände in den Schoß zu legen und die gewonnene absolute Wahrheit anzustaunen. Und wie auf dem Gebiet der philosophischen, so auf dem jeder andern Erkenntnis und auf dem des praktischen Handelns. Ebensowenig wie die Erkenntnis kann die Geschichte einen vollendenden Abschluß finden in einem vollkommnen Idealzustand der Menschheit; eine vollkommne Gesellschaft, ein vollkommner „Staat" sind Dinge, die nur in der Phantasie bestehn können; im Gegenteil sind alle nacheinander folgenden geschichtlichen Zustände nur vergängliche Stufen im endlosen Entwicklungsgang der menschlichen Gesellschaft vom Niedern zum Höhern. Jede Stufe ist notwendig, also berechtigt für die Zeit und die Bedingungen, denen sie ihren Ursprung verdankt; aber sie wird hinfällig und unberechtigt gegenüber neuen, höhern Bedingungen, die sich allmählich in ihrem eignen Schoß entwickeln; sie muß einer höhern Stufe Platz machen, die ihrerseits wieder an die Reihe des Verfalls und des Untergangs kommt. Wie die Bourgeoisie durch die große Industrie, die Konkurrenz und den Weltmarkt alle stabilen, altehrwürdigen Institutionen praktisch auflöst, so löst diese dialektische Philosophie alle Vorstellungen von endgültiger absoluter Wahrheit und ihr entsprechenden absoluten Menschheitszuständen auf. Vor ihr besteht nichts Endgültiges, Absolutes, Heiliges; sie weist von allem und an allem die Vergänglichkeit auf, und nichts besteht vor ihr als der ununterbrochne Prozeß des Werdens und Vergehens, des Aufsteigens ohne Ende vom Niedern zum Höhern, dessen bloße Widerspiegelung im denkenden Hirn sie selbst ist. Sie hat allerdings auch eine konservative Seite: Sie erkennt die Berechtigung bestimmter Erkenntnis- und Gesellschaftsstufen für deren Zeit und Umstände an; aber auch nur so weit. Der Konservatismus dieser Anschauungsweise ist relativ, ihr revolutionärer Charakter ist absolut — das einzig Absolute, das sie gelten läßt.

de ficar de braços cruzados e admirar imóvel a verdade absoluta obtida. E isso tanto no âmbito do conhecimento filosófico como no de qualquer outro conhecimento e ação prática. Tanto quanto o conhecimento, também a história não pode encontrar um desfecho pleno em um estado ideal perfeito de humanidade; uma sociedade perfeita, um "Estado" perfeito, são coisas que só podem existir na fantasia; pelo contrário, todos os estados históricos que se seguem uns aos outros são apenas estados transitórios no curso de desenvolvimento sem fim da sociedade humana, do inferior para o superior. Portanto cada estágio é necessário, está justificado para a época e condições às quais deve a sua origem; mas cada estágio se torna caduco e injustificado diante das novas condições superiores que gradualmente se desenvolvem no seu próprio âmago; precisam dar lugar a um estágio superior que ingressa, por sua vez, novamente na série de declínio e decadência. Assim como a burguesia, através da grande indústria, da concorrência e do mercado mundial, dissolve na prática todas as instituições estáveis e veneráveis pela longevidade, essa filosofia dialética também dissolve todas as representações da verdade absoluta definitiva e os correspondentes estados absolutos da humanidade. Diante dela não existe nada de definitivo, de absoluto, de sagrado; ela mostra a transitoriedade de tudo e em tudo, e nada subsiste diante dela a não ser o ininterrupto processo do devir e perecer, da ascensão sem fim do inferior ao superior, da qual ela própria é mero reflexo no cérebro pensante. Ela também tem, certamente, um lado conservador: reconhece a justificação de determinados estados do conhecimento e da sociedade para a sua época e circunstâncias; mas apenas até aqui. O conservadorismo desse modo de intuição é relativo, seu caráter revolucionário é absoluto — é o único elemento absoluto que ela pode admitir como válido.

Wir brauchen hier nicht auf die Frage einzugehn, ob diese Anschauungsweise durchaus mit dem jetzigen Stand der Naturwissenschaft stimmt, die der Existenz der Erde selbst ein mögliches, ihrer Bewohnbarkeit aber ein ziemlich sichres Ende vorhersagt, die also auch der Menschengeschichte nicht nur einen aufsteigenden, sondern auch einen absteigenden Ast zuerkennt. Wir befinden uns jedenfalls noch ziemlich weit von dem Wendepunkt, von wo an es mit der Geschichte der Gesellschaft abwärtsgeht, und können der Hegelschen Philosophie nicht zumuten, sich mit einem Gegenstand zu befassen, den zu ihrer Zeit die Naturwissenschaft noch gar nicht auf die Tagesordnung gesetzt hatte.

Was aber in der Tat hier zu sagen, ist dies: Die obige Entwicklung findet sich in dieser Schärfe nicht bei Hegel. Sie ist eine notwendige Konsequenz seiner Methode, die er selbst aber in dieser Ausdrücklichkeit nie gezogen hat. Und zwar aus dem einfachen Grund, weil er genötigt war, ein System zu machen, und ein System der Philosophie muß nach den hergebrachten Anforderungen mit irgendeiner Art von absoluter Wahrheit abschließen. Sosehr also auch Hegel, namentlich in der „Logik", betont, daß diese ewige Wahrheit nichts andres ist als der logische, resp. der geschichtliche Prozeß selbst, so sieht er sich doch selbst gezwungen, diesem Prozeß ein Ende zu geben, weil er eben mit seinem System irgendwo zu Ende kommen muß. In der „Logik" kann er dies Ende wieder zum Anfang machen, indem hier der Schlußpunkt, die absolute Idee — die nur insofern absolut ist, als er absolut nichts von ihr zu sagen weiß — sich in die Natur „entäußert", d.h. verwandelt, und später im Geist, d.h. im Denken und in der Geschichte, wieder zu sich selbst kommt. Aber am Schluß der ganzen Philosophie ist ein ähnlicher Rückschlag in den Anfang nur auf *einem* Weg möglich. Nämlich indem man das Ende der Geschichte dann setzt, daß die Menschheit zur Erkenntnis eben dieser absoluten Idee kommt, | und erklärt, daß diese Erkenntnis der absoluten Idee

Não precisamos entrar aqui na questão se este modo de intuição está de acordo com o atual estado da ciência da natureza, a qual prevê para a existência da Terra um fim possível — para o seu caráter habitável, porém, um fim bastante certo —, que, portanto, atribui também à história humana não só um ramo ascendente como também um descendente. Estamos, de qualquer forma, ainda bastante distantes do ponto de mudança a partir do qual a história da sociedade entra em declínio, e não podemos exigir da filosofia de Hegel que se ocupe de um objeto que, no tempo dela, a ciência da natureza ainda não tinha posto na ordem do dia.

Mas o que, de fato, podemos dizer aqui é: o desenvolvimento acima referido não se encontra com essa precisão em Hegel. Tal desenvolvimento é uma consequência necessária do seu método, consequência esta, porém, que ele próprio nunca tencionou com tal expressividade. E isso, sem dúvida, pela simples razão de que estava obrigado a empreender um sistema, e um sistema filosófico, segundo as exigências tradicionais, tem de finalizar com algum tipo de verdade absoluta. Portanto, por mais que Hegel também acentue, nomeadamente na *Lógica*, que esta verdade eterna nada mais é do que o próprio processo lógico correspondente ao histórico, ele próprio se vê compelido a dar um fim a esse processo, porque necessita de algum modo, precisamente, chegar ao fim com o seu sistema. Na *Lógica* ele pode voltar a tornar esse fim um início, na medida em que aí o ponto final, a ideia absoluta — que só é absoluta por não saber dizer absolutamente nada acerca dela — "exterioriza-se", isto é, transforma-se na natureza e, mais tarde, regressa a si própria no espírito, ou seja, no pensar e na história. Mas, na conclusão de toda filosofia, tal regresso ao início somente é possível por *um* caminho. Ou seja, ao estabelecer o fim da história de tal modo que a humanidade chega justamente ao conhecimento dessa ideia absoluta | e esclarecer que esse conhecimento da ideia absoluta foi alcançado na filosofia hegeliana. | Com isso,

in der Hegelschen Philosophie erreicht ist. | Damit wird aber der ganze dogmatische Inhalt des Hegelschen Systems für die absolute Wahrheit erklärt, im Widerspruch mit seiner dialektischen, alles Dogmatische auflösenden Methode; damit wird die revolutionäre Seite erstickt unter der überwuchernden konservativen. Und was von der philosophischen Erkenntnis, gilt auch von der geschichtlichen Praxis. Die Menschheit, die es, in der Person Hegels, bis zur Herausarbeitung der absoluten Idee gebracht hat, muß auch praktisch so weit gekommen sein, daß sie diese absolute Idee in der Wirklichkeit durchführen kann. Die praktischen politischen Forderungen der absoluten Idee an die Zeitgenossen dürfen also nicht zu hoch gespannt sein. Und so finden wir am Schluß der „Rechtsphilosophie", daß die absolute Idee sich verwirklichen soll in derjenigen ständischen Monarchie, die Friedrich Wilhelm III. seinen Untertanen so hartnäckig vergebens versprach, also in einer den deutschen kleinbürgerlichen Verhältnissen von damals angemessenen, beschränkten und gemäßigten, indirekten Herrschaft der besitzenden Klassen; wobei uns noch die Notwendigkeit des Adels auf spekulativem Wege demonstriert wird.

Die innern Notwendigkeiten des Systems reichen also allein hin, die Erzeugung einer sehr zahmen politischen Schlußfolgerung, vermittelst einer durch und durch revolutionären Denkmethode, zu erklären. Die spezifische Form dieser Schlußfolgerung rührt allerdings davon her, daß Hegel ein Deutscher war und ihm wie seinem Zeitgenossen Goethe ein Stück Philisterzopfs hinten hing. Goethe wie Hegel waren jeder auf seinem Gebiet ein olympischer Zeus, aber den deutschen Philister wurden beide nie ganz los.

Alles dies hinderte jedoch das Hegelsche System nicht, ein unvergleichlich größeres Gebiet zu umfassen als irgendein früheres System und auf diesem Gebiet einen Reichtum des Gedankens zu entwickeln, der noch heute in Erstaunen setzt. Phänomenologie des Geistes (die man eine Parallele der Embryologie

porém, todo o conteúdo dogmático do sistema de Hegel é qualificado como verdade absoluta, em contradição com o seu método dialético que dissolve todo elemento dogmático; o lado revolucionário é, assim, abafado pelo lado conservador que o encobre completamente. E o que vale para o conhecimento filosófico vale também para a *práxis* histórica. A humanidade que, na pessoa de Hegel, conduziu até a elaboração da ideia absoluta precisa, também na prática, ter chegado ao ponto de poder levar a cabo essa ideia absoluta na realidade efetiva. As reivindicações políticas práticas da ideia absoluta, em relação aos contemporâneos, não podem, portanto, ser demasiadamente ambiciosas. E, assim, encontramos na conclusão da *Filosofia do direito* que a ideia absoluta deve efetivar-se naquela monarquia de estamentos que Frederico Guilherme III, tão obstinadamente em vão, prometeu aos seus súditos, portanto, em uma dominação indireta das classes de possuidores, limitada, adaptada e mediada pelas relações da pequena burguesia alemã daquela época; com isso nos é demonstrada, pela via especulativa, ainda a necessidade da nobreza.

Portanto, as necessidades internas do sistema somente são suficientes para, por intermédio de um método de pensar revolucionário de ponta a ponta, esclarecer a produção de uma conclusão política bastante dócil. A forma específica dessa conclusão resulta, porém, do fato de que Hegel era alemão e de que, tal como do seu contemporâneo Goethe, pendia-lhe uma pedaço de trança de filisteu. Goethe, assim como Hegel, eram, cada um no seu âmbito, um Zeus do Olimpo, mas ambos nunca se libertaram completamente do filisteu alemão.

Isso tudo não impediu, contudo, o sistema de Hegel de abarcar um âmbito incomparavelmente maior do que qualquer sistema anterior e de desenvolver nele uma riqueza de pensamento que ainda hoje causa espanto. *Fenomenologia do espírito* (que poderíamos denominar como um paralelo entre a embriologia

und der Paläontologie des Geistes nennen könnte, eine Entwicklung des individuellen Bewußtseins durch seine verschiedenen Stufen, gefaßt als abgekürzte Reproduktion der Stufen, die das Bewußtsein der Menschen geschichtlich durchgemacht), Logik, Naturphilosophie, Philosophie des Geistes, und diese letztere wieder in ihren einzelnen geschichtlichen Unterformen ausgearbeitet: Philosophie der Geschichte, des Rechts, der Religion, Geschichte der Philosophie, Ästhetik usw. – auf allen diesen verschiednen geschichtlichen Gebieten arbeitet Hegel daran, den durchgehenden Faden der Entwicklung aufzufinden und nachzuweisen; und da er nicht nur ein schöpferisches Genie war, sondern auch ein Mann von enzyklopädischer Gelehrsamkeit, so tritt er überall epochemachend auf. Es versteht sich von selbst, daß kraft der Notwendigkeiten des „Systems" er hier oft genug zu jenen gewaltsamen Konstruktionen seine Zuflucht nehmen muß, von denen seine zwerghaften Anfeinder bis heute ein so entsetzliches Geschrei machen. Aber diese Konstruktionen sind nur der Rahmen und das Baugerüst seines Werks; hält man sich hierbei nicht unnötig auf, dringt man tiefer ein in den gewaltigen Bau, so findet man ungezählte Schätze, die auch heute noch ihren vollen Wert behaupten. Bei allen Philosophen ist grade das „System" das Vergängliche, und zwar grade deshalb, weil es aus einem unvergänglichen Bedürfnis des Menschengeistes hervorgeht: dem Bedürfnis der Überwindung aller Widersprüche. Sind aber alle Widersprüche ein für allemal beseitigt, so sind wir bei der sogenannten absoluten Wahrheit angelangt, die Weltgeschichte ist zu Ende, und doch soll sie fortgehn, obwohl ihr nichts mehr zu tun übrigbleibt – also ein neuer, unlösbarer Widerspruch. Sobald wir einmal eingesehn haben – und zu dieser Einsicht hat uns schließlich niemand mehr verhelfen als Hegel selbst –, daß die so gestellte Aufgabe der Philosophie weiter nichts heißt als die Aufgabe, daß ein einzelner Philosoph das leisten soll, was nur die gesamte Menschheit in ihrer fortschreitenden Entwicklung leisten

e a paleontologia do espírito, um desenvolvimento da consciência individual por meio dos seus diversos estágios, apreendido como reprodução encurtada dos estágios pelos quais a consciência dos homens passa historicamente), *Lógica*, *Filosofia da natureza*, *Filosofia do espírito*, e esta última, novamente, elaborada em suas subdivisões históricas isoladas: Filosofia da História, do Direito, da Religião, História da Filosofia, Estética, etc. Hegel trabalha para encontrar e demonstrar, em todos esses diversos domínios históricos, o fio do desenvolvimento que os perpassa; e nesse processo ele não foi apenas um gênio criador, mas também um homem de erudição enciclopédica, fazendo assim época em todos os domínios. E evidente que, em virtude das necessidades do "sistema", com muita frequência ele teve de refugiar-se em construções forçadas, acerca das quais os seus inimigos, apegados a questões menores, até hoje fazem uma gritaria tão descomunal. Mas estas construções são apenas a armação e o andaime da sua obra; se não nos retemos aí inutilmente, se penetramos mais profundamente no poderoso edifício, inúmeros tesouros que ainda hoje conservam o seu pleno valor serão encontrados. Para todos os filósofos é precisamente o "sistema" o elemento perecível, e isto justamente por decorrer de uma necessidade imperecível do espírito humano: a necessidade de superação de todas as contradições. Mas, se todas as contradições são eliminadas de uma vez por todas, atracamos na assim chamada verdade absoluta: a história mundial está no fim e, no entanto, deve continuar, embora não lhe reste mais nada para fazer — portanto, uma nova contradição, insolúvel. Assim que compreendermos — e definitivamente ninguém nos ajudou mais nessa intelecção do que o próprio Hegel — que a tarefa da filosofia, assim estabelecida, não significa outra coisa além do fato de que um filósofo singular deve realizar aquilo que só a humanidade inteira no seu desenvolvimento progressivo pode realizar — assim que compreendermos

kann — sobald wir das einsehn, ist es auch am Ende mit der ganzen Philosophie im bisherigen Sinn des Worts. Man läßt die auf diesem Weg und für jeden einzelnen unerreichbare „absolute Wahrheit" laufen und jagt dafür den erreichbaren relativen Wahrheiten nach auf dem Weg der positiven Wissenschaften und der Zusammenfassung ihrer Resultate vermittelst des dialektischen Denkens. Mit Hegel schließt die Philosophie überhaupt ab; einerseits weil er ihre ganze Entwicklung in seinem System in der großartigsten Weise zusammenfaßt, andrerseits weil er uns, wenn auch unbewußt, den Weg zeigt aus diesem Labyrinth der Systeme zur wirklichen positiven Erkenntnis der Welt.

Man begreift, welch ungeheure Wirkung dies Hegelsche System in der philosophisch gefärbten Atmosphäre Deutschlands hervorbringen mußte. Es war ein Triumphzug, der Jahrzehnte dauerte und mit dem Tod Hegels keineswegs zur Ruhe kam. Im Gegenteil, grade von 1830 bis 1840 herrschte die „Hegelei" am ausschließlichsten und hatte selbst ihre Gegner mehr oder weniger angesteckt; grade in dieser Zeit drangen Hegelsche Anschauungen am reichlichsten, bewußt oder unbewußt, in die verschiedensten Wissenschaften ein und durchsäuerten auch die populäre Literatur und die Tagespresse, aus denen das gewöhnliche „gebildete Bewußtsein" seinen Gedankenstoff bezieht. Aber dieser Sieg auf der ganzen Linie war nur das Vorspiel eines innern Kampfs.

Die Gesamtlehre Hegels ließ, wie wir gesehn, reichlichen Raum für die Unterbringung der verschiedensten praktischen Parteianschauungen; und praktisch waren im damaligen theoretischen Deutschland vor allem zwei Dinge: die Religion und die Politik. Wer das Hauptgewicht auf das *System* Hegels legte, konnte auf beiden Gebieten ziemlich konservativ sein; wer in der dialektischen *Methode* die Hauptsache sah, konnte religiös wie politisch zur äußersten Opposition gehören. Hegel selbst schien, trotz der ziemlich häufigen revolutionären Zornesaus-

isso, estará também no fim toda a filosofia no sentido em que a palavra é conhecida até hoje. Abandona-se a "verdade absoluta", inalcançável por esta via e por cada um individualmente e, em troca, perseguimos as verdades relativas alcançáveis pela via das ciências positivas e da conexão dos seus resultados por meio do pensar dialético. Com Hegel encerra-se a filosofia em geral. Por um lado, porque ele reuniu em seu sistema, do modo mais grandioso, todo o desenvolvimento da filosofia; por outro, porque, ainda que inconscientemente, mostra-nos o caminho para fora desse labirinto de sistemas em direção ao conhecimento positivo e efetivo do mundo.

Concebemos qual efeito monstruoso este sistema hegeliano teve de produzir na atmosfera filosoficamente tingida da Alemanha. Foi uma marcha triunfal que durou décadas e que de modo nenhum parou com a morte de Hegel. Pelo contrário, precisamente de 1830 a 1840 o "hegelianismo charlatão" dominou do modo mais exclusivo possível e havia contagiado, mais ou menos, até mesmo seus adversários; precisamente nesse tempo as concepções de Hegel penetraram com a maior abundância, consciente ou inconscientemente, nas mais variadas ciências e azedaram completamente também a literatura popular e a imprensa diária, nas quais a "consciência culta" habitual adquire a matéria de seu pensamento. Mas esse triunfo em todas as linhas era apenas o prelúdio de uma luta interna.

A doutrina de Hegel como um todo, vimos, deixava um amplo espaço para alocar as mais diversas intuições tendenciosas da prática; e, na prática, na Alemanha teórica daquele tempo, tais intuições eram, antes de tudo, a religião e a política. Quem colocasse ênfase no *sistema* de Hegel podia ser bastante conservador em ambos os domínios; quem visse o principal no *método* dialético podia, tanto religiosa como politicamente, pertencer à oposição mais extrema. O próprio Hegel, apesar dos ataques de ira revolucionários bastante frequentes em suas obras, parecia, no conjunto, inclinar-se mais para o lado conservador; se o seu

brüche in seinen Werken, im ganzen mehr zur konservativen Seite zu neigen; hatte ihm doch sein System weit mehr „saure Arbeit des Gedankens" gekostet als seine Methode. Gegen Ende der dreißiger Jahre trat die Spaltung in der Schule mehr und mehr hervor. Der linke Flügel, die sogenannten Junghegelianer, gaben im Kampf mit pietistischen Orthodoxen und feudalen Reaktionären ein Stück nach dem andern auf von jener philosophisch-vornehmen Zurückhaltung gegenüber den brennenden Tagesfragen, die ihrer Lehre bisher staatliche Duldung und sogar Protektion gesichert hatte; und als gar 1840 die orthodoxe Frömmelei und die feudal-absolutistische Reaktion mit Friedrich Wilhelm IV. den Thron bestiegen, wurde offne Parteinahme unvermeidlich. Der Kampf wurde noch mit philosophischen Waffen geführt, aber nicht mehr um abstraktphilosophische Ziele; es handelte sich direkt um Vernichtung der überlieferten Religion und des bestehenden Staats. Und wenn in den „Deutschen Jahrbüchern" die praktischen Endzwecke noch vorwiegend in philosophischer Verkleidung auftraten, so enthüllte sich die jungheglsche Schule in der „Rheinischen Zeitung" von 1842 direkt als die Philosophie der aufstrebenden radikalen Bourgeoisie und brauchte das philosophische Deckmäntelchen nur noch zur Täuschung der Zensur.

Die Politik war aber damals ein sehr dorniges Gebiet, und so wandte sich der Hauptkampf gegen die Religion; dies war ja, namentlich seit 1840, indirekt auch ein politischer Kampf. Den ersten Anstoß hatte Strauß' „Leben Jesu" 1835 gegeben. Der hierin entwickelten Theorie der evangelischen Mythenbildung trat später Bruno Bauer mit dem Nachweis gegenüber, daß eine ganze Reihe evangelischer Erzählungen von den Verfassern selbst fabriziert worden. Der Streit zwischen beiden wurde geführt in der philosophischen Verkleidung eines Kampfes des „Selbstbewußtseins" gegen die „Substanz"; die Frage, ob die evangelischen Wundergeschichten durch bewußtlostraditionelle Mythenbildung im Schoß der Gemeinde entstan-

sistema não lhe tivesse custado muito mais "trabalho amargo do pensamento" do que o seu método. Perto do fim dos anos trinta a tensão na escola se evidenciou cada vez mais. A ala da esquerda, os chamados jovens hegelianos, na luta com ortodoxos pietistas e feudais reacionários, desistiu, pedaço por pedaço, daquela reserva filosoficamente distinta diante das questões ardentes do dia a dia que, até então, haviam assegurado à sua doutrina tolerância estatal e inclusive proteção; e quando, em 1840, a hipocrisia ortodoxa e a reação feudal-absolutista subiram ao trono com Frederico Guilherme IV, uma aberta tomada de partido tornou-se inevitável. A luta seria travada ainda com armas filosóficas, mas não mais por fins abstratamente filosóficos; tratava-se do aniquilamento da religião tradicional e do Estado existentes. E se nos *Anais alemães* os fins últimos práticos ainda se mostravam preponderantemente sob disfarce filosófico, a escola jovem-hegeliana revelou-se na *Gazeta renana* de 1842 diretamente como a filosofia da burguesia com aspirações radicais e se valeu do pretexto filosófico apenas para ainda enganar a censura.

A política era, nessa altura, um âmbito muito espinhoso e, por isso, a luta principal voltou-se contra a religião; esta era, certamente desde 1840, indiretamente também uma luta política. A *Vida de Jesus* de Strauss, em 1835, tinha dado o primeiro impulso. À teoria da formação evangélica dos mitos aí desenvolvida, Bruno Bauer opôs-se mais tarde ao demonstrar que toda uma série de narrativas evangélicas haviam sido fabricadas pelos próprios autores. A disputa entre ambos foi conduzida sob o disfarce filosófico de uma luta da "consciência-de-si" contra a "substância"; a questão se as histórias dos milagres evangélicos surgiram no seio do elemento comunitário por meio da formação mitológica inconscientemente tradicional, ou se se-

den oder ob sie von den Evangelisten selbst fabriziert seien, wurde aufgebauscht zu der Frage, ob in der Weltgeschichte die „Substanz" oder das „Selbstbewußtsein" die entscheidend wirkende Macht sei; und schließlich kam Stirner, der Prophet des heutigen Anarchismus — Bakunin hat sehr viel aus ihm genommen — und übergipfelte das souveräne „Selbstbewußtsein" durch seinen souveränen „Einzigen".

Wir gehen auf diese Seite des Zersetzungsprozesses der Hegelschen Schule nicht weiter ein. Wichtiger für uns ist dies: Die Masse der entschiedensten Junghegelianer wurde durch die praktischen Notwendigkeiten ihres Kampfs gegen die positive Religion auf den englisch-französischen Materialismus zurückgedrängt. Und hier kamen sie in Konflikt mit ihrem Schulsystem. Während der Materialismus die Natur als das einzig Wirkliche auffaßt, stellt diese im Hegelschen System nur die „Entäußerung" der absoluten Idee vor, gleichsam eine Degradation der Idee; unter allen Umständen ist hier das Denken und sein Gedankenprodukt, die Idee, das Ursprüngliche, die Natur das Abgeleitete, das nur durch die Herablassung der Idee überhaupt existiert. Und in diesem Widerspruch trieb man sich herum, so gut und so schlecht es gehen wollte.

Da kam Feuerbachs „Wesen des Christenthums". Mit einem Schlag zerstäubte es den Widerspruch, indem es den Materialismus ohne Umschweife wieder auf den Thron erhob. Die Natur existiert unabhängig von aller Philosophie; sie ist die Grundlage, auf der wir Menschen, selbst Naturprodukte, erwachsen sind; außer der Natur und den Menschen existiert nichts, und die höhern Wesen, die unsere religiöse Phantasie erschuf, sind nur die phantastische Rückspiegelung unsers eignen Wesens. Der Bann war gebrochen; das „System" war gesprengt und beiseite geworfen, der Widerspruch war, als nur in der Einbildung vorhanden, aufgelöst. — Man muß die befreiende Wirkung dieses Buchs selbst erlebt haben, um sich eine Vorstellung davon zu machen. Die Begeisterung war allgemein: Wir waren alle

riam fabricadas pelos próprios evangelistas, foi exagerada na questão se na história mundial a "substância" ou a "consciência-de-si" seria a potência decisivamente ativa; e, por fim, veio Stirner, o profeta do anarquismo atual — Bakunin tomou muito dele —, e ultrapassou o ponto culminante da soberana "consciência-de-si" com o seu soberano "Único".[8]

Não aprofundaremos mais esse lado do processo de decomposição da escola hegeliana. Para nós o mais importante é a massa dos jovens hegelianos mais decisivos que, pelas necessidades práticas da sua luta contra a religião positiva, retrocedeu em direção ao materialismo anglo-francês. E aí entrou em conflito com o sistema de sua escola. Enquanto o materialismo apreendia a natureza como o único elemento efetivo, esta representava, no sistema de Hegel, apenas a "exteriorização alienante" da ideia absoluta, por assim dizer, uma degradação da ideia; em todas as circunstâncias, o pensar e o produto de seu pensamento, a ideia, são aqui o elemento originário, a natureza, o elemento derivado que, em geral, apenas existe por meio da condescendência da ideia. E era em torno dessa contradição que se vagueava, tão bem ou mal quanto se queria prosseguir.

Aí surgiu a *Essência do cristianismo* de Feuerbach. Com um só golpe pulverizou a contradição ao colocar, sem rodeios, o materialismo novamente no trono. A natureza existe independentemente de qualquer filosofia; ela é o fundamento sobre o qual nós, seres humanos, crescemos, nós mesmos produtos da natureza; fora da natureza e dos homens não existe nada, e as essências superiores criadas por nossa fantasia religiosa são apenas o reflexo fantástico da nossa própria essência. O encanto estava quebrado; o "sistema" foi pelos ares e jogado para o lado, a contradição, enquanto elemento existente apenas na imaginação, foi dissolvida. É preciso ter vivido o efeito libertador desse livro para ter uma noção disso. O entusiasmo

momentan Feuerbachianer. Wie enthusiastisch Marx die neue Auffassung begrüßte | und wie sehr er — trotz aller kritischen Vorbehalte — von ihr beeinflußt wurde, | kann man in der „Heiligen Familie" lesen.

Selbst die Fehler des Buchs trugen zu seiner augenblicklichen Wirkung bei. Der belletristische, stellenweise sogar schwülstige Stil sicherte ein größeres Publikum und war immerhin eine Erquickung nach den langen Jahren abstrakter und abstruser Hegelei. Dasselbe gilt von der überschwenglichen Vergötterung der Liebe, die gegenüber der unerträglich gewordnen Souveränität des „reinen Denkens" eine Entschuldigung, wenn auch keine Berechtigung fand. Was wir aber nicht vergessen dürfen: Grade an diese beiden Schwächen Feuerbachs knüpfte der seit 1844 sich im „gebildeten" Deutschland wie eine Seuche verbreitende „wahre Sozialismus" an, der an die Stelle der wissenschaftlichen Erkenntnis die belletristische Phrase, an die Stelle der Emanzipation des Proletariats durch die ökonomische Umgestaltung der Produktion die Befreiung der Menschheit vermittelst der „Liebe" setzte, kurz, sich in die widerwärtige Belletristik und Liebesschwülvigkeit verlief, deren Typus Herr Karl Grün war.

Was fernerhin nicht zu vergessen: Die Hegelsche Schule war aufgelöst, aber die Hegelsche Philosophie war nicht kritisch überwunden. Strauß und Bauer nahmen jeder eine ihrer Seiten heraus und kehrten sie polemisch gegen die andre. Feuerbach durchbrach das System und warf es einfach beiseite. Aber man wird nicht mit einer Philosophie fertig dadurch, daß man sie einfach für falsch erklärt. Und ein so gewaltiges Werk wie die Hegelsche Philosophie, die einen so ungeheuren Einfluß auf die geistige Entwicklung der Nation gehabt, ließ sich nicht dadurch beseitigen, daß man sie kurzerhand ignorierte. Sie mußte in ihrem eigenen Sinn „aufgehoben" werden, d.h. in dem Sinn, daß ihre Form kritisch vernichtet, der durch sie gewonnene neue Inhalt aber gerettet wurde. Wie dies geschah, davon weiter unten.

foi geral: éramos, momentaneamente, todos feuerbachianos. O quanto Marx saudou com entusiasmo a nova concepção |e o quanto ele — apesar de todas as reservas críticas — foi por ela influenciado| pode se ler em *A sagrada família*.

Mesmo os erros do livro contribuíram para o seu efeito momentâneo. O estilo beletrista, por vezes também pomposo, assegurou-lhe um público grande e foi, ainda assim, um alívio após longos anos de hegelianismo charlatão abstrato e abstruso. O mesmo vale para a efusiva divinização do amor que, perante a soberania do "pensar puro" que se tornou insuportável, encontrou uma desculpa, até mesmo uma justificação. Mas o que não podemos esquecer: justamente a ambas essas fraquezas de Feuerbach atrelou-se o "socialismo verdadeiro", que desde 1844 se espalhava pela Alemanha "culta" como uma praga, colocando, no lugar do conhecimento científico, a fraseologia beletrista, no lugar da emancipação do proletariado pela transformação econômica da produção, a libertação da humanidade por meio do "amor", em suma, perdeu-se no fastidioso estilo beletrista e no caráter asfixiantemente amoroso do tipo do senhor Karl Grün.[9]

O que, além disso, não se deve esquecer: a escola hegeliana estava dissolvida, mas a filosofia hegeliana não havia sido criticamente superada. Strauss e Bauer extraíram algo, cada um do seu lado, e viraram a filosofia hegeliana polemicamente um contra o outro. Feuerbach quebrou o sistema e simplesmente o jogou para o lado. Mas não se extermina uma filosofia simplesmente a qualificando de falsa. E uma obra tão poderosa como a filosofia de Hegel, que teve uma influência tão grande sobre o desenvolvimento espiritual da nação, não se permitiu ser deixada de lado pelo fato de ser ignorada sem rodeios. Ela tinha de ser "superada" no seu sentido próprio, isto é, no sentido em que a sua forma fosse criticamente aniquilada, porém o novo conteúdo obtido fosse salvo. Veremos abaixo como isso se deu.

Einstweilen schob die Revolution von 1848 jedoch die gesamte Philosophie ebenso ungeniert beiseite wie Feuerbach seinen Hegel. Und damit wurde auch Feuerbach selbst in den Hintergrund gedrängt.

Nesse momento, porém, a revolução de 1848 colocou de lado, sem cerimônias, toda filosofia, assim como Feuerbach fizera com seu Hegel. E assim também o próprio Feuerbach foi impelido para o pano de fundo.

II

Die große Grundfrage aller, speziell neueren Philosophie ist die nach dem Verhältnis von Denken und Sein. Seit der sehr frühen Zeit, wo die Menschen, noch in gänzlicher Unwissenheit über ihren eigenen Körperbau und angeregt durch Traumerscheinungen, auf die Vorstellung kamen, ihr Denken und Empfinden sei nicht eine Tätigkeit ihres Körpers, sondern einer besonderen, in diesem Körper wohnenden und ihn beim Tode verlassenden Seele — seit dieser Zeit mußten sie über das Verhältnis dieser Seele zur äußern Welt sich Gedanken machen. Wenn sie im Tod sich vom Körper trennte, fortlebte, so lag kein Anlaß vor, ihr noch einen besondren Tod anzudichten; so entstand die Vorstellung von ihrer Unsterblichkeit, die auf jener Entwicklungsstufe keineswegs als ein Trost erscheint, sondern als ein Schicksal, wogegen man nicht ankann, und oft genug, wie bei den Griechen, als ein positives Unglück. Nicht das religiöse Trostbedürfnis, sondern die aus gleich allgemeiner Beschränktheit hervorwachsende Verlegenheit, was mit der einmal angenommenen Seele, nach dem Tod des Körpers, anzufangen, führte allgemein zu der langweiligen Einbildung von der persönlichen Unsterblichkeit. Auf ganz ähnlichem Weg entstanden, durch Personifikation der Naturmächte, die ersten Götter, die in der weitern Ausbildung der Religionen eine mehr und mehr außerweltliche Gestalt annahmen, bis endlich durch einen im Verlauf der geistigen Entwicklung sich naturgemäß einstellenden Abstraktions-, ich möchte fast sagen Destillationsprozeß aus den vielen, mehr oder minder beschränkten und

II

A grande questão fundamental de toda a filosofia, especialmente da moderna, é a relação entre pensar e ser. Desde tempos muito remotos, em que os homens, ainda em total ignorância sobre a sua própria constituição corporal e incitados por aparições em sonhos,[10] chegaram à representação de que o seu pensar e sentir não seriam uma atividade do seu corpo, mas de uma alma particular que habita esse corpo e o abandona com a morte. Desde esses tempos, os seres humanos tinham de criar pensamentos sobre a relação dessa alma com o mundo exterior. Se na morte a alma se separava do corpo e continuava a viver, não havia nenhum motivo para lhe imputar ainda uma morte particular; assim surgiu a representação de sua imortalidade que, naquele estágio de desenvolvimento, de modo algum aparece como um consolo, mas como um destino contra o qual nada se pode e, de modo bastante frequente, como entre os gregos, como uma positiva infelicidade. Não foi a necessidade religiosa de consolação, mas a aporia proveniente da limitação, igualmente universal, do que começar a fazer com a suposta alma depois da morte do corpo que levou, de modo geral, à fastidiosa imaginação da imortalidade pessoal. Por um caminho semelhante surgiram, através da personificação dos poderes da natureza, os primeiros Deuses que, na ulterior elaboração das religiões, supõem cada vez mais uma configuração extramundana, até finalmente surgir — por meio de um processo de abstração que se orienta naturalmente pelo curso do desenvolvimento espiritual, diria quase que se trata de um processo de destilação —, na cabeça dos seres humanos, a partir

sich gegenseitig beschränkenden Göttern die Vorstellung von dem einen ausschließlichen Gott der monotheistischen Religionen in den Köpfen der Menschen entstand.

Die Frage nach dem Verhältnis des Denkens zum Sein, des Geistes zur Natur, die höchste Frage der gesamten Philosophie hat also, nicht minder als alle Religion, ihre Wurzel in den borniertenund unwissenden Vorstellungen des Wildheitszustands. Aber in ihrer vollen Schärfe konnte sie erst gestellt werden, ihre ganze Bedeutung konnte sie erst erlangen, als die europäische Menschheit aus dem langen Winterschlaf des christlichen Mittelalters erwachte. Die Frage nach der Stellung des Denkens zum Sein, die übrigens auch in der Scholastik des Mittelalters ihre große Rolle gespielt, die Frage: Was ist das Ursprüngliche, der Geist oder die Natur? – diese Frage spitzte sich, der Kirche gegenüber, dahin zu: Hat Gott die Welt erschaffen, oder ist die Welt von Ewigkeit da?

Je nachdem diese Frage so oder so beantwortet wurde, spalteten sich die Philosophen in zwei große Lager. Diejenigen, die die Ursprünglichkeit des Geistes gegenüber der Natur behaupteten, also in letzter Instanz eine Weltschöpfung irgendeiner Art annahmen – und diese Schöpfung ist oft bei den Philosophen, z.B. bei Hegel, noch weit verzwickter und unmöglicher als im Christentum –, bildeten das Lager des Idealismus. Die andern, die die Natur als das Ursprüngliche ansahen, gehören zu den verschiednen Schulen des Materialismus.

Etwas andres als dies bedeuten die beiden Ausdrücke: Idealismus und Materialismus ursprünglich nicht, und in einem andern Sinne werden sie hier auch nicht gebraucht. Welche Verwirrung entsteht, wenn man etwas andres in sie hineinträgt, werden wir unten sehn.

Die Frage nach dem Verhältnis von Denken und Sein hat aber noch eine andre Seite: Wie verhalten sich unsere Gedanken über die uns umgebende Welt zu dieser Welt selbst? Ist unser Denken imstande, die wirkliche Welt zu erkennen, vermögen

dos muitos Deuses mais ou menos limitados e que se limitam reciprocamente, a representação de um único e exclusivo Deus das religiões monoteístas.

A questão da relação entre pensar e ser, espírito e natureza, a questão suprema da filosofia como um todo tem a sua raiz, portanto, não menos do que todas as religiões, nas representações estreitas e ignorantes do estado de selvageria. Mas ela somente podia ser posta em sua plena clareza, somente podia alcançar toda a sua significação, quando a humanidade europeia despertasse da longa hibernação da Idade Média cristã. A questão da posição do pensar em relação ao ser que, de qualquer forma, também desempenhou o seu grande papel na escolástica da Idade Média. A questão é: qual é o elemento originário, o espírito ou a natureza? Esta questão aguçou-se diante da Igreja da seguinte forma: criou Deus o mundo ou o mundo está aí desde a eternidade?

Na medida em que essa questão era respondida de um modo ou de outro, os filósofos se dividiram em dois grandes campos. Aqueles que afirmavam a originariedade do espírito diante da natureza, que em última instância admitiam, portanto, uma criação do mundo, de qualquer tipo que fosse — e essa criação frequentemente é entre os filósofos, por exemplo em Hegel, ainda muito mais complicada e impossível do que no cristianismo —, formavam o campo do idealismo. Os outros, que viam a natureza como o elemento originário, pertenciam às diversas escolas do materialismo.

As duas expressões significam algo diverso: idealismo e materialismo não são utilizados aqui em sentido original, e tampouco em outros sentidos. Veremos abaixo qual confusão surge quando se acrescenta algo mais nelas.

Mas a questão da relação entre pensar e ser tem ainda outro lado: como se relacionam os nossos pensamentos sobre o mundo que nos circunda com esse mesmo mundo? O nosso pensar está em condições de conhecer o mundo efetivo, de

wir in unsern Vorstellungen und Begriffen von der wirklichen Welt ein richtiges Spiegelbild der Wirklichkeit zu erzeugen? Diese Frage heißt in der philosophischen Sprache die Frage nach der Identität von Denken und Sein und wird von der weitaus größten Zahl der Philosophen bejaht. Bei Hegel z.B. versteht sich ihre Bejahung von selbst; denn das, was wir in der wirklichen Welt erkennen, ist eben ihr gedankenmäßiger Inhalt, dasjenige, was die Welt zu einer stufenweisen Verwirklichung der absoluten Idee macht, welche absolute Idee von Ewigkeit her, unabhängig von der Welt und vor der Welt, irgendwo existiert hat; daß aber das Denken einen Inhalt erkennen kann, der schon von vornherein Gedankeninhalt ist, leuchtet ohne weiteres ein. Ebensosehr leuchtet ein, daß hier das zu Beweisende im stillen schon in der Voraussetzung enthalten ist. Das hindert aber Hegel keineswegs, aus seinem Beweis der Identität von Denken und Sein den weitern Schluß zu ziehen, daß seine Philosophie, weil für sein Denken richtig, nun auch die einzig richtige ist und daß die Identität von Denken und Sein sich darin zu bewähren hat, daß die Menschheit sofort seine Philosophie aus der Theorie in die Praxis übersetzt und die ganze Welt nach Hegelschen Grundsätzen umgestaltet. Es ist dies eine Illusion, die er so ziemlich mit allen Philosophen teilt.

Daneben gibt es aber noch eine Reihe andrer Philosophen, die die Möglichkeit einer Erkenntnis der Welt oder doch einer erschöpfenden Erkenntnis bestreiten. Zu ihnen gehören unter den neueren Hume und Kant, und sie haben eine sehr bedeutende Rolle in der philosophischen Entwicklung gespielt. Das Entscheidende zur Widerlegung dieser Ansicht ist bereits von Hegel gesagt, soweit dies vom idealistischen Standpunkt möglich war; was Feuerbach Materialistisches hinzugefügt, ist mehr geistreich als tief. Die schlagendste Widerlegung dieser wie aller andern philosophischen Schrullen ist die Praxis, nämlich das

produzir nas nossas representações e concepções do mundo efetivo uma imagem especular correta da realidade efetiva? Na linguagem filosófica, tal questão corresponde à da identidade entre pensar e ser, e é respondida afirmativamente pela grande maioria dos filósofos. Em Hegel, por exemplo, a sua resposta afirmativa compreende-se por si mesma. Afinal, aquilo que nós conhecemos no mundo efetivo é precisamente o seu conteúdo que está conforme o pensamento, aquilo que torna o mundo uma efetivação gradual da ideia absoluta. Tal ideia absoluta existiu em alguns lugares desde a eternidade, independente e anteriormente ao mundo; mas de tal modo que parece evidente ao pensamento a capacidade de reconhecer um conteúdo que, desde o início, já é um conteúdo do pensamento. É igualmente evidente que o elemento a ser comprovado aqui já está contido no pressuposto. Mas isso de forma alguma impede Hegel, a partir de sua comprovação da identidade entre pensamento e ser, de concluir que sua filosofia, por ser adequada ao seu pensamento, é também agora a única adequada; e que a identidade entre pensar e ser pode se comprovar pelo fato de que a humanidade traduz imediatamente sua filosofia em *práxis* a partir da teoria e transforma o mundo inteiro segundo as proposições fundamentais hegelianas. Essa é uma ilusão que ele compartilha com praticamente todos os filósofos.

Ao lado desses ainda há, porém, uma série de outros filósofos que contestam a possibilidade de um conhecimento do mundo ou ainda de um conhecimento exaustivo. Há entre eles os modernos, Hume e Kant, que desempenharam um papel muito significativo no desenvolvimento filosófico. O elemento decisivo para a refutação dessa perspectiva já foi dito por Hegel, tanto quanto isso o era possível a partir da posição idealista; o elemento materialista que Feuerbach acrescenta é mais intelectualmente estimulante do que profundo. A refutação mais convincente desse elemento materialista, como de todas as outras ideias fixas da filosofia, é a *práxis*, a saber, o

Experiment und die Industrie. Wenn wir die Richtigkeit unsrer Auffassung eines Naturvorgangs beweisen können, indem wir ihn selbst machen, ihn aus seinen Bedingungen erzeugen, ihn obendrein unsern Zwecken dienstbar werden lassen, so ist es mit dem Kantschen unfaßbaren „Ding an sich" zu Ende. Die im pflanzlichen und tierischen Körper erzeugten chemischen Stoffe blieben solche „Dinge an sich", bis die organische Chemie sie einen nach dem andern darzustellen anfing; damit wurde das „Ding an sich" ein Ding für uns, wie z.B. der Farbstoff des Krapps, das Alizarin, das wir nicht mehr auf dem Felde in den Krappwurzeln wachsen lassen, sondern aus Kohlenteer weit wohlfeiler und einfacher herstellen. Das kopernikanische Sonnensystem war dreihundert Jahre lang eine Hypothese, auf die hundert, tausend, zehntausend gegen eins zu wetten war, aber doch immer eine Hypothese; als aber Leverrier aus den durch dies System gegebenen Daten nicht nur die Notwendigkeit der Existenz eines unbekannten Planeten, sondern auch den Ort berechnete, wo dieser Planet am Himmel stehn müsse, und als Galle dann diesen Planeten wirklich fand, da war das kopernikanische System bewiesen. Wenn dennoch die Neubelebung der Kantschen Auffassung in Deutschland durch die Neukantianer und der Humeschen in England (wo sie nie ausgestorben) durch die Agnostiker versucht wird, so ist das, der längst erfolgten theoretischen und praktischen Widerlegung gegenüber, wissenschaftlich ein Rückschritt und praktisch nur eine verschämte Weise, den Materialismus hinterrücks zu akzeptieren und vor der Welt zu verleugnen.

Die Philosophen wurden aber in dieser langen Periode von Descartes bis Hegel und von Hobbes bis Feuerbach keineswegs, wie sie glaubten, allein durch die Kraft des reinen Gedankens vorangetrieben. Im Gegenteil. Was sie in Wahrheit vorantrieb, das war namentlich der gewaltige und immer schneller voranstürmende Fortschritt der Naturwissenschaft | und der Industrie. | Bei den Materialisten zeigte sich dies schon auf der

experimento e a indústria. Se nós podemos demonstrar a correção da nossa concepção de um processo natural, na medida em que nós mesmos ao empreendê-lo o engendramos a partir das suas condições, podemos, acima de tudo, torná-lo utilizável para nossos objetivos, estabelece-se o fim da "coisa em si" inapreensível de Kant. As matérias químicas produzidas em corpos vegetais e animais eram as tais "coisas em si", até a química orgânica começou a apresentá-las uma após a outra; com isso, a "coisa em si" se tornou uma coisa para nós, como, por exemplo, a matéria corante [da planta] ruiva dos tintureiros, a alizarina, que já não permitimos que cresça em campos nas raízes de ruiva dos tintureiros, mas a produzimos de modo muito mais barato e simplesmente a partir do alcatrão do carvão mineral. O sistema solar copernicano foi durante trezentos anos uma hipótese, em que se podia apostar cem, mil, dez mil contra um, mas, ainda assim, uma hipótese; quando Le Verrier, porém, a partir dos dados fornecidos por este sistema, calculou não só a necessidade da existência de um planeta desconhecido, como também o lugar desse planeta no céu, e quando então Galle efetivamente encontrou esse planeta, o sistema copernicano foi, naquele momento, comprovado.[11] Se, entretanto, a reabilitação da concepção kantiana é tentada na Alemanha pelos neokantianos[12] e a reabilitação de Hume na Inglaterra (onde nunca morreu) pelos agnósticos,[13] isso é, cientificamente, um retrocesso diante da refutação teórica e prática há muito alcançada e, na prática, apenas um modo envergonhado de aceitar o materialismo pelas costas e de o negar perante o mundo.

Os filósofos, porém, nesse longo período de Descartes a Hegel e de Hobbes a Feuerbach, de modo algum foram impelidos a avançar, como acreditavam, apenas pela força do puro pensamento. Pelo contrário. O que, na verdade, os impeliu a avançar foi, nomeadamente, o poderoso e sempre mais veloz progresso impetuoso da ciência da natureza | e da indústria. | Nos materialistas isso já se mostrava na superfície, mas tam-

Oberfläche, aber auch die idealistischen Systeme erfüllten sich mehr und mehr mit materialistischem Inhalt und suchten den Gegensatz von Geist und Materie pantheistisch zu versöhnen; so daß schließlich das Hegelsche System nur einen nach Methode und Inhalt idealistisch auf den Kopf gestellten Materialismus repräsentiert.

Es ist hiermit begreiflich, daß Starcke in seiner Charakteristik Feuerbachs zunächst dessen Stellung zu dieser Grundfrage über das Verhältnis von Denken und Sein untersucht. Nach einer kurzen Einleitung, worin die Auffassung der frühern Philosophen, namentlich seit Kant, in unnötig philosophisch-schwerfälliger Sprache geschildert wird und wobei Hegel durch allzu formalistisches Festhalten an einzelnen Stellen seiner Werke sehr zu kurz kommt, folgt eine ausführliche Darstellung des Entwicklungsgangs der Feuerbachschen „Metaphysik" selbst, wie er sich aus der Reihenfolge der betreffenden Schriften dieses Philosophen ergibt. Diese Darstellung ist fleißig und übersichtlich gearbeitet, nur wie das ganze Buch mit einem keineswegs überall unvermeidlichen Ballast philosophischer Ausdrucksweise beschwert, der um so störender wirkt, je weniger sich der Verfasser an die Ausdrucksweise einer und derselben Schule, oder auch Feuerbachs selbst hält, und je mehr er Ausdrücke der verschiedensten, namentlich der jetzt grassierenden, sich philosophisch nennenden Richtungen hinein mengt.

Der Entwicklungsgang Feuerbachs ist der eines — freilich nie ganz orthodoxen — Hegelianers zum Materialismus hin, eine Entwicklung, die auf einer bestimmten Stufe einen totalen Bruch mit dem idealistischen System seines Vorgängers bedingt. Mit unwiderstehlicher Gewalt drängt sich ihm schließlich die Einsicht auf, daß die Hegelsche vorweltliche Existenz der „absoluten Idee", die „Präexistenz der logischen Kategorien", ehe denn die Welt war, weiter nichts ist als ein phantastischer Überrest des Glaubens an einen außerweltlichen Schöpfer; daß die stoffliche, sinnlich wahrnehmbare Welt, zu der wir selbst

bém os sistemas idealistas se completaram cada vez mais com um conteúdo materialista e procuraram conciliar a oposição entre espírito e matéria panteisticamente; de tal modo que, no final, o sistema de Hegel representa apenas um materialismo, segundo método e conteúdo, idealisticamente posto de cabeça para baixo.

Por isso é concebível que Starcke, em sua caracterização de Feuerbach, investigue, antes de tudo, a posição dele no que concerne à questão fundamental da relação entre pensar e ser. Após uma curta introdução na qual, em linguagem desnecessária e filosoficamente prolixa, é exposta a concepção dos filósofos precedentes, isto é, desde Kant, e na qual Hegel, por uma retenção demasiadamente formalista a passagens isoladas de suas obras, é minimizado, segue-se uma exposição pormenorizada do curso do desenvolvimento da própria "metafísica" de Feuerbach, tal como resulta da sequência dos escritos deste filósofo. Essa exposição é trabalhada de modo fluido e claro, apenas sobrecarregado, como todo o livro, por um lastro, não de todo inevitável, de modos de expressão filosóficos, que é tanto mais perturbador quanto menos o autor se atém ao modo de expressão de uma só e mesma escola — ou então do próprio Feuerbach — e quanto mais ele mistura expressões no interior das mais diversas orientações, justamente das que agora se espalham e denominam a si mesmas de filosóficas.

O curso do desenvolvimento de Feuerbach é o de um hegeliano — nunca, porém, totalmente ortodoxo — em direção ao materialismo, um desenvolvimento que, em um determinado estágio, condiciona uma ruptura total com o sistema idealista de seu predecessor. No fim, com uma força irresistível, impõe-se-lhe a intelecção de que a existência pré-mundana da "ideia absoluta" de Hegel, a "pré-existência das categorias lógicas", antes, portanto, de haver mundo, nada mais é do que um resto fantástico da crença em um criador extramundano; já que o mundo material, sensivelmente perceptível, ao qual

gehören, das einzig Wirkliche, und daß unser Bewußtsein und Denken, so übersinnlich es scheint, das Erzeugnis eines stofflichen, körperlichen Organs, des Gehirns ist. Die Materie ist nicht ein Erzeugnis des Geistes, sondern der Geist ist selbst nur das höchste Produkt der Materie. Dies ist natürlich reiner Materialismus. Hier angekommen, stutzt Feuerbach. Er kann das gewohnheitsmäßige, philosophische Vorurteil nicht überwinden, das Vorurteil nicht gegen die Sache, sondern gegen den Namen des Materialismus. Er sagt: „Der Materialismus ist für mich die Grundlage des Gebäudes des menschlichen Wesens und Wissens; aber er ist für mich nicht, was er für den Physiologen, den Naturforscher im engem Sinn, z.B. Moleschott ist, und zwar notwendig von ihrem Standpunkt und Beruf aus ist, das Gebäude selbst. Rückwärts stimme ich den Materialisten vollkommen bei, aber nicht vorwärts."

Feuerbach wirft hier den Materialismus, der eine auf einer bestimmten Auffassung des Verhältnisses von Materie und Geist beruhende allgemeine Weltanschauung ist, zusammen mit der besondern Form, worin diese Weltanschauung auf einer bestimmten geschichtlichen Stufe, | nämlich im 18. Jahrhundert, | zum Ausdruck kam. Noch mehr, er wirft ihn zusammen mit der verflachten, vulgarisierten Gestalt, worin der Materialismus des 18. Jahrhunderts heute in den Köpfen von Naturforschern und Ärzten fortexistiert und in den fünfziger Jahren von Büchner, Vogt und Moleschott gereisepredigt wurde. Aber wie der Idealismus eine Reihe von Entwicklungsstufe durchlief, so auch der Materialismus. Mit jeder epochemachenden Entdeckung schon auf naturwissenschaftlichem Gebiet mußte er seine Form ändern, und seitdem auch die Geschichte der materialistischen Behandlung unterworfen, eröffnet sich auch hier eine neue Bahn der Entwicklung.

Der Materialismus des vorigen Jahrhunderts war vorwiegend mechanisch, weil von allen Naturwissenschaften damals nur die Mechanik, und zwar auch nur die der — himmlischen

nós mesmos pertencemos, é o único elemento efetivo e que a nossa consciência e o nosso pensamento, por mais que pareçam suprassensíveis, são o produto de um órgão material, corpóreo, o cérebro. A matéria não é um produto do espírito, mas o próprio espírito é apenas o produto supremo da matéria. Isso é, naturalmente, puro materialismo. Ao chegar aqui, Feuerbach empaca. Ele não pode superar o preconceito filosófico habitual, não contra a coisa em questão, mas contra o nome materialismo. Ele diz: "O materialismo é para mim a base do edifício do ser e saber humanos; mas, para mim, ele não é nada do que é para o fisiólogo, para o naturalista em sentido estrito, por exemplo Moleschott, para o qual, devido a sua posição e profissão, o materialismo é necessariamente o próprio edifício. No que precede concordo inteiramente com os materialistas, mas não no que procede."[14]

Aqui, Feuerbach coloca no mesmo saco o materialismo, que é uma visão geral do mundo que repousa sobre uma determinada concepção da relação entre matéria e espírito, juntamente com a forma particular pela qual essa visão do mundo se explicitou em um estágio histórico determinado | no século XVIII |. Mais ainda, coloca-o junto com a configuração vulgar, superficial, na qual o materialismo do século XVIII ainda continua a existir na cabeça de naturalistas e médicos e que, nos anos cinquenta, foi pregado por todos os cantos por Büchner, Vogt e Moleschott. Porém, assim como o idealismo passou por uma série de estágios de desenvolvimento, o materialismo também passou. Juntamente com toda a descoberta que faz época mesmo no domínio da ciência da natureza, ele tem que mudar a sua forma; e na medida em que também a história está submetida ao tratamento materialista, abre-se aqui um novo traço de desenvolvimento.

O materialismo do século passado era, sobretudo, mecânico, já que, de todas as ciências da natureza daquele tempo, apenas a mecânica, e justamente apenas a mecânica dos corpos sóli-

und irdischen — festen Körper, kurz, die Mechanik der Schwere, zu einem gewissen Abschluß gekommen war. Die Chemie existierte nur erst in ihrer kindlichen, phlogistischen Gestalt. Die Biologie lag noch in den Windeln; der pflanzliche und tierische Organismus war nur im groben untersucht und wurde aus rein mechanischen Ursachen erklärt; wie dem Descartes das Tier, war den Materialisten des 18. Jahrhunderts der Mensch eine Maschine. Diese ausschließliche Anwendung des Maßstabs der Mechanik auf Vorgänge, die chemischer und organischer Natur sind und bei denen die mechanischen Gesetze zwar auch gelten, aber von andern, höhern Gesetzen in den Hintergrund gedrängt werden, bildet die eine spezifische, aber ihrer Zeit unvermeidliche Beschränktheit des klassischen französischen Materialismus.

Die zweite spezifische Beschränktheit dieses Materialismus bestand in seiner Unfähigkeit, die Welt als einen Prozeß, als einen in einer geschichtlichen Fortbildung begriffenen Stoff aufzufassen. Dies entsprach dem damaligen Stand der Naturwissenschaft und der damit zusammenhängenden metaphysischen, d.h. antidialektischen Weise des Philosophierens. Die Natur, das wußte man, war in ewiger Bewegung begriffen. Aber diese Bewegung drehte sich nach damaliger Vorstellung ebenso ewig im Kreise und kam daher nie vom Fleck; sie erzeugte immer wieder dieselben Ergebnisse. Diese Vorstellung war damals unvermeidlich. Die Kantsche Theorie von der Entstehung des Sonnensystems war erst soeben aufgestellt und passierte nur noch als bloßes Kuriosum. Die Geschichte der Entwicklung der Erde, die Geologie, war noch total unbekannt, und die Vorstellung, daß die heutigen belebten Naturwesen das Ergebnis einer langen Entwicklungsreihe vom Einfachen zum Komplizierten sind, konnte damals wissenschaftlich überhaupt nicht aufgestellt werden. Die unhistorische Auffassung der Natur war also unvermeidlich. | Man kann den Philosophen des 18. Jahrhunderts daraus um so weniger einen Vorwurf machen,

dos — celestes e terrestres —, em suma, a mecânica dos corpos pesados, tinha chegado a certa conclusão. A química somente existia em sua configuração infantil, flogística. A biologia ainda usava fraldas; apenas de modo grosseiro o organismo vegetal e animal era investigado e explicado por causas puramente mecânicas; assim como para Descartes o animal era uma máquina, o homem o era para os materialistas do século XVIII. Essa aplicação exclusiva do padrão da mecânica a processos que são de natureza química e orgânica e para os quais as leis mecânicas certamente também se aplicam, apesar de impelidas para o segundo plano por leis superiores, forma a primeira limitação específica do materialismo francês clássico, ainda que inevitável para seu tempo.

A segunda limitação específica desse materialismo consistiu na sua incapacidade de apreender o mundo como um processo, como uma matéria concebida em uma formação historicamente contínua. Isso correspondia ao estado da ciência da natureza daquela época e ao modo metafísico — isto é, antidialético — do filosofar a ela vinculado. A natureza era concebida, isso era consciente, como um movimento eterno. Mas esse movimento, segundo a representação daquela época, girava em um círculo eterno e, portanto, nunca saía do lugar; produzia novamente os mesmos resultados. Essa representação era inevitável naquela época. A teoria de Kant sobre a gênese do sistema solar mal havia se estabelecido e ainda não passava de mera curiosidade. A história do desenvolvimento da Terra, a geologia, era ainda totalmente desconhecida, e a representação de que os atuais seres vivos naturais são o resultado de uma longa série de desenvolvimentos do simples ao complexo não podia, naquela época, ser, em geral, cientificamente estabelecida. A concepção a-histórica da natureza era, portanto, inevitável. | Tão pouco é possível censurar os filósofos do século XVIII por isso, como também é

als sie sich auch bei Hegel findet. Bei diesem ist die Natur, als bloße „Entäußerung" der Idee, keiner Entwicklung in der Zeit fähig, sondern nur einer Ausbreitung ihrer Mannigfaltigkeit im Raum, so daß sie alle in ihr einbegriffnen Entwicklungsstufen gleichzeitig und nebeneinander ausstellt und zu ewiger Wiederholung stets derselben Prozesse verdammt ist. Und diesen Widersinn einer Entwicklung im Raum, aber außer der Zeit – der Grundbedingung aller Entwicklung – bürdet Hegel der Natur auf grade zu derselben Zeit, wo die Geologie, die Embryologie, die pflanzliche und tierische Physiologie und die organische Chemie ausgebildet wurden und wo überall auf Grundlage dieser neuen Wissenschaften geniale Vorahnungen der späteren Entwicklungstheorie auftauchten (z.B. Goethe und Lamarck). Aber das System erforderte es so, und so mußte die Methode, dem System zulieb, sich selbst untreu werden. | Dieselbe unhistorische Auffassung galt auch auf dem Gebiet der Geschichte. Hier hielt der Kampf gegen die Reste des Mittelalters den Blick befangen. Das Mittelalter galt als einfache Unterbrechung der Geschichte durch tausendjährige allgemeine Barbarei; die großen Fortschritte des Mittelalters – die Erweiterung des europäischen Kulturgebiets, die lebensfähigen großen Nationen, die sich dort nebeneinander gebildet, endlich die enormen technischen Fortschritte des 14. und 15. Jahrhunderts –, alles das sah man nicht. Damit war aber eine rationelle Einsicht in den großen geschichtlichen Zusammenhang unmöglich gemacht, und die Geschichte diente höchstens als eine Sammlung von Beispielen und Illustrationen zum Gebrauch der Philosophen.

Die vulgarisierenden Hausierer, die in den fünfziger Jahren in Deutschland in Materialismus machten, kamen in keiner Weise über diese Schranke ihrer Lehrer hinaus. Alle seitdem gemachten Fortschritte der Naturwissenschaft dienten ihnen nur als neue Beweisgründe gegen die Existenz des Weltschöpfers; und in der Tat lag es ganz außerhalb ihres Geschäfts, die Theorie weiterzuentwickeln. War der Idealismus am Ende sei-

pouco possível censurar Hegel. Para ele, a natureza, como mera "exteriorização alienante" da ideia, não é capaz de nenhum desenvolvimento no tempo, mas apenas de uma extensão de sua multiplicidade no espaço, de tal modo que expõe simultânea e sucessivamente todos os estágios de desenvolvimento nela compreendidos e está condenada à repetição eterna do mesmo processo. E nesse absurdo de um desenvolvimento no espaço, porém fora do tempo — a condição fundamental de todo o desenvolvimento —, Hegel coloca um grande peso na natureza, justamente ao mesmo tempo em que a geologia, a embriologia, a fisiologia vegetal e animal e a química orgânica foram desenvolvidas e em que, por toda a parte, na fundamentação dessas novas ciências, emergiam pressentimentos geniais da posterior teoria da evolução (por exemplo Goethe e Lamarck). Mas o sistema assim exigia, e o método precisava, por amor ao sistema, ser infiel consigo mesmo. | A mesma concepção a-histórica vigorava no âmbito da história. Aqui, a luta contra os restos da Idade Média tornava a visão parcial. A Idade Média era considerada como simples interrupção da história por uma barbárie universal de mil anos; os grandes progressos da Idade Média não eram vistos — a expansão do âmbito cultural europeu, as grandes nações que sobreviveram até hoje, que ali se formaram uma ao lado da outra, por fim, os enormes progressos técnicos dos séculos XIV e XV. Uma intelecção racional do grande nexo histórico tornou-se assim impossível, e a história servia, no máximo, como uma coleção de exemplos e ilustrações para uso dos filósofos.

Os vendedores ambulantes vulgarizadores que, na Alemanha dos anos cinquenta, se fizeram no materialismo, de modo algum ultrapassaram a barreira de seus mestres. Todos os progressos da ciência da natureza feitos desde então lhes serviam apenas como novos fundamentos de comprovação contra a existência do criador do mundo; e, de fato, estava totalmente fora de questão continuar a desenvolver a teoria. Se o idealis-

nes Lateins und durch die Revolution von 1848 auf den Tod getroffen, so erlebte er die Genugtuung, daß der Materialismus momentan noch tiefer heruntergekommen war. Feuerbach hatte entschieden recht, wenn er die Verantwortung für diesen Materialismus ablehnte; nur durfte er die Lehre der Reiseprediger nicht verwechseln mit dem Materialismus überhaupt.

Indes ist hier zweierlei zu bemerken. Erstens war auch zu Feuerbachs Lebzeiten die Naturwissenschaft noch in jenem heftigen Gärungsprozeß begriffen, der erst in den letzten fünfzehn Jahren einen klärenden, relativen Abschluß erhalten hat; es wurde neuer Erkenntnisstoff in bisher unerhörtem Maß geliefert, aber die Herstellung des Zusammenhangs und damit der Ordnung in diesem Chaos sich überstürzender Entdeckungen ist erst ganz neuerdings möglich geworden. Zwar hat Feuerbach die drei entscheidenden Entdeckungen — die der Zelle, der Verwandlung der Energie und der nach Darwin benannten Entwicklungstheorie — noch alle erlebt. Aber wie sollte der einsame Philosoph auf dem Lande die Wissenschaft hinreichend verfolgen können, um Entdeckungen vollauf zu würdigen, die die Naturforscher selbst damals teils noch bestritten, teils nicht hinreichend verstanden? Die Schuld fällt hier einzig auf die erbärmlichen deutschen Zustände, kraft deren die Lehrstühle der Philosophie von spintisierenden eklektischen Flohknackern in Beschlag genommen wurden, während Feuerbach, der sie alle turmhoch überragte, in einem kleinen Dorf verbauern und versauern mußte. Es ist also nicht Feuerbachs Schuld, wenn die jetzt möglich gewordne, alle Einseitigkeiten des französischen Materialismus entfernende, historische Naturauffassung ihm unzugänglich blieb.

Zweitens aber hat Feuerbach darin ganz recht, daß der bloß naturwissenschaftliche Materialismus zwar die „Grundlage des Gebäudes des menschlichen Wissens ist, aber nicht das Gebäude selbst". Denn wir leben nicht nur in der Natur, sondern

mo esgotara o seu latim e se deparara com a morte por meio da revolução de 1848, vivenciou assim a satisfação de ver que o materialismo, momentaneamente, caíra ainda mais baixo. Feuerbach tinha decididamente razão quando declinava a responsabilidade por esse materialismo; apenas não deveria ter confundido a doutrina dos pregadores ambulantes com o materialismo em geral.

Entretanto, é preciso aqui observar duas coisas. Em primeiro lugar, ao longo da vida de Feuerbach, a ciência da natureza era ainda compreendida naquele intenso processo de fermentação que só nos últimos quinze anos recebeu um desfecho relativo e esclarecedor; um novo material de conhecimento foi fornecido em uma medida até aqui sem precedentes, mas o estabelecimento da conexão e, assim, da ordem nesse caos de descobertas precipitadas só se tornou possível muito recentemente. De fato, Feuerbach ainda vivenciou as três descobertas decisivas: a da célula, a da transformação da energia e a da teoria da evolução, tal como denominada por Darwin. Mas como o solitário filósofo poderia perseguir satisfatoriamente a ciência para apreciar plenamente descobertas que os próprios naturalistas daquele tempo ou contestavam ainda, ou não compreendiam bem? A culpa reside aqui, unicamente, nas miseráveis condições alemãs, em virtude das quais as cátedras da filosofia foram monopolizadas por espirituosos e ecléticos esmagadores de pulgas enquanto Feuerbach, que os superava do alto de uma torre, tinha que se tornar um camponês e se atrofiar em um pequeno *Dorf* [vilarejo]. Não é, portanto, culpa de Feuerbach se a agora tornada possível concepção histórica da natureza, que põe de lado |afasta| todas as parcialidades do materialismo francês, permanecesse inacessível para ele.

Em segundo lugar, porém, Feuerbach tem toda a razão, já que o materialismo meramente científico-natural é "o fundamento do edifício do saber humano, mas não o próprio edifício". Afinal, não vivemos apenas na natureza, mas também

auch in der menschlichen Gesellschaft, und auch diese hat ihre Entwicklungsgeschichte und ihre Wissenschaft nicht minder als die Natur. Es handelte sich also darum, die Wissenschaft von der Gesellschaft, d.h. den Inbegriff der sogenannten historischen und philosophischen Wissenschaften, mit der materialistischen Grundlage in Einklang zu bringen und auf ihr zu rekonstruieren. Dies aber war Feuerbach nicht vergönnt. Hier blieb er, trotz der „Grundlage", in den überkommnen idealistischen Banden befangen, und dies erkennt er an mit den Worten: „Rückwärts stimme ich den Materialisten bei, aber nicht vorwärts." Wer aber hier, auf dem gesellschaftlichen Gebiet, nicht „vorwärts" kam, nicht über seinen Standpunkt von 1840 oder 1844 hinaus, das war Feuerbach selbst, und zwar wiederum hauptsächlich infolge seiner Verödung, die ihn zwang, Gedanken aus seinem einsamen Kopf zu produzieren — ihn, der vor allen andern Philosophen auf geselligen Verkehr veranlagt war — statt im freundlichen und feindlichen Zusammentreffen mit andern Menschen seines Kalibers. Wie sehr er auf diesem Gebiet Idealist bleibt, werden wir später im einzelnen sehn.

Hier ist nur noch zu bemerken, daß Starcke den Idealismus Feuerbachs am unrechten Ort sucht. „Feuerbach ist Idealist, er glaubt an den Fortschritt der Menschheit." (S. 19.) — „Die Grundlage, der Unterbau des Ganzen, bleibt nichtsdestoweniger der Idealismus. Der Realismus ist für uns nichts weiter als ein Schutz gegen Irrwege, während wir unsern idealen Strömungen folgen. Sind nicht Mitleid, Liebe und Begeisterung für Wahrheit und Recht ideale Mächte?" (s. VIII.)

Erstens heißt hier Idealismus nichts andres als Verfolgung idealer Ziele. Diese aber haben notwendig zu tun höchstens mit dem Kantschen Idealismus und seinem „kategorischen Imperativ"; aber selbst Kant nannte seine Philosophie „transzendentalen Idealismus", keineswegs, weil es sich darin auch um sittliche Ideale handelt, sondern aus ganz andren Gründen, wie Starcke sich erinnern wird. Der Aberglaube, daß der philosophische

na sociedade humana, e essa tem também a sua história de desenvolvimento e a sua ciência tanto quanto a natureza. Tratava-se, portanto, de estabelecer uma harmonia entre a ciência da sociedade, isto é, o complexo interno das assim chamadas ciências históricas e filosóficas, e a fundamentação materialista, e de reconstruí-las sobre esse fundamento. Isto, porém, não foi concedido a Feuerbach. Ele permaneceu aqui, apesar da "fundamentação", preso aos laços idealistas tradicionais e reconheceu isso nominalmente: "Retrospectivamente concordo com os materialistas, mas não progressivamente." Mas quem aqui, no domínio social, não avançou "progressivamente", não ultrapassou a sua posição de 1840 ou de 1844, foi o próprio Feuerbach e, de fato, uma vez mais principalmente na sequência do seu isolamento, que o impeliu a produzir pensamentos a partir da sua cabeça solitária — ele que, mais do que todos os outros filósofos, era predisposto ao intercâmbio sociável — em vez de os produzir no encontro amigável e hostil com outros homens de seu calibre. O quanto, neste âmbito, ele permaneceu idealista veremos mais à frente em detalhes.

Aqui é preciso apenas observar que Starcke procura o idealismo de Feuerbach no lugar errado. "Feuerbach é idealista, ele acredita no progresso da humanidade" (p. 19). — "A fundamentação, a infraestrutura do todo permanece, não obstante, o idealismo. O realismo não é para nós senão uma proteção contra caminhos equivocados enquanto seguimos as nossas correntes ideais. Não são forças ideais a compaixão, o amor e o entusiasmo pela verdade e pela justiça?" (p. VIII).

Em primeiro lugar, idealismo aqui nada mais é do que perseguição de finalidades ideais. Tais finalidades, porém, remetem necessariamente, no máximo, ao idealismo de Kant e ao seu "imperativo categórico"; porém, de modo algum Kant denominou sua filosofia de "idealismo transcendental" por tratar de ideais éticos, mas por razões totalmente diferentes, como Starcke recordará. A superstição segundo a qual o idealismo

Idealismus sich um den Glauben an sittliche, d.h. gesellschaftliche Ideale drehe, ist entstanden außerhalb der Philosophie, beim deutschen Philister, der die ihm nötigen wenigen philosophischen Bildungsbrocken in Schillers Gedichten auswendig lernt. Niemand hat den ohnmächtigen Kantschen „kategorischen Imperativ" — ohnmächtig, weil er das Unmögliche fordert, also nie zu etwas Wirklichem kommt — schärfer kritisiert, niemand die durch Schiller vermittelte Philisterschwärmerei für unrealisierbare Ideale grausamer verspottet (siehe z.B. die „Phänomenologie") als grade der vollendete Idealist Hegel.

Zweitens aber ist es nun einmal nicht zu vermeiden, daß alles, was einen Menschen bewegt, den Durchgang durch seinen Kopf machen muß — sogar Essen und Trinken, das infolge von vermittelst des Kopfs empfundnem Hunger und Durst begonnen und infolge von ebenfalls vermittelst des Kopfs empfundner Sättigung beendigt wird. Die Einwirkungen der Außenwelt auf den Menschen drücken sich in seinem Kopf aus, spiegeln sich darin ab als Gefühle, Gedanken, Triebe, Willensbestimmungen, kurz, als „ideale Strömungen", und werden in dieser Gestalt zu „idealen Mächten". Wenn nun der Umstand, daß dieser Mensch überhaupt „idealen Strömungen folgt" und „idealen Mächten" einen Einfluß auf sich zugesteht — wenn dies ihn zum Idealisten macht, so ist jeder einigermaßen normal entwickelte Mensch ein geborner Idealist, und wie kann es da überhaupt noch Materialisten geben?

Drittens hat die Überzeugung, daß die Menschheit, augenblicklich wenigstens, sich im ganzen und großen in fortschreitender Richtung bewegt, absolut nichts zu tun mit dem Gegensatz von Materialismus und Idealismus. Die französischen Materialisten hatten diese Überzeugung in fast fanatischem Grad, nicht minder die Deisten Voltaire und Rousseau, und brachten oft genug die größten persönlichen Opfer. Wenn irgend jemand der „Begeisterung für Wahrheit und Recht" — die Phrase im

filosófico giraria em torno da crença em ideais éticos, isto é, sociais, surgiu do lado de fora da filosofia, entre filisteus alemães que aprenderam a decorar nos poemas de Schiller alguns pedaços da formação cultural filosófica que lhes era necessária. Ninguém criticou mais agudamente o impotente "imperativo categórico" de Kant — impotente porque ele exige o elemento impossível, logo nunca chega a ser algo efetivo —, ninguém zombou de modo mais agudo do entusiasmo filisteu por ideais irrealizáveis, transmitidos por Schiller, do que justamento o idealista perfeito, Hegel (ver, por exemplo, a *Fenomenologia*).[15]

Em segundo lugar, não é possível evitar que tudo o que move o homem tenha que passar por sua cabeça — até mesmo comer e beber, que começam como resultado da fome e da sede sentidas pela cabeça e também terminam com a satisfação por meio da cabeça. Os efeitos do mundo exterior sobre o homem se expressam na sua cabeça, refletem-se no interior dela como sentimentos, pensamentos, impulsos, determinações da vontade, em suma, como "correntes ideais", e se tornam, nessa cofiguração, "poderes ideais". Se a circunstância segundo a qual esse homem, em geral, "segue correntes ideais" e concede aos "poderes ideais" uma influência sobre si — se isto faz dele um idealista, então todo o homem, de algum modo desenvolvido, é um idealista nato, e como é possível ainda existirem materialistas?

Em terceiro lugar, a convicção de que a humanidade, pelo menos momentaneamente, move-se em direção progressiva, não tem absolutamente nada a ver com a oposição entre materialismo e idealismo. Os materialistas franceses tinham esta convicção em grau quase fanático, não menos do que os deístas Voltaire e Rousseau, e fizeram-lhe, frequentemente, os maiores sacrifícios pessoais. Se alguma vez alguém consagrou a vida toda ao "entusiasmo pela verdade e pela justiça" — tomando a fraseologia no bom sentido — foi, por exemplo, Diderot. Se Starcke declara tudo isso como idealismo, demonstra-se ape-

guten Sinn genommen — das ganze Leben weihte, so war es z.B. Diderot. Wenn also Starcke dies alles für Idealismus erklärt, so beweist dies nur, daß das Wort Materialismus und der ganze Gegensatz beider Richtungen für ihn hier allen Sinn verloren hat.

Die Tatsache ist, daß Starcke hier dem von der langjährigen Pfaffenverlästerung her überkommenen Philistervorurteil gegen den Namen Materialismus eine unverzeihliche Konzession macht — wenn auch vielleicht unbewußt. Der Philister versteht unter Materialismus Fressen, Saufen, Augenlust, Fleischeslust und hoffärtiges Wesen, Geldgier, Geiz, Habsucht, Profitmacherei und Börsenschwindel, kurz alle die schmierigen Laster, denen er selbst im stillen frönt; und unter Idealismus den Glauben an Tugend, allgemeine Menschenliebe und überhaupt die „bessere Welt", womit er vor andern renommiert, woran er selbst aber höchstens glaubt, so lange er den auf seine gewohnheitsmäßigen „materialistischen" Exzesse notwendig folgenden Katzenjammer oder Bankerott durchzumachen pflegt und dazu sein Lieblingslied singt: Was ist der Mensch — halb Tier, halb Engel.

Im übrigen gibt sich Starcke viel Mühe, Feuerbach gegen die Angriffe und Lehrsätze der sich heute unter dem Namen Philosophen in Deutschland breitmachenden Dozenten zu verteidigen. Für Leute, die sich für diese Nachgeburt der klassischen deutschen Philosophie interessieren, ist das gewiß wichtig; für Starcke selbst mochte dies notwendig scheinen. Wir verschonen den Leser damit.

nas que a palavra materialismo, e toda a oposição em ambas as direções, perdeu para ele todo o sentido.

O fato é que Starcke faz uma concessão imperdoável, ainda que talvez inconscientemente, ao preconceito filisteu contra o nome materialismo resultante de longos anos de abuso sacerdotal. O filisteu entende por materialismo voracidade, bebedeira, cobiça do olhar, prazer carnal e ambição, avidez monetária, avareza, ânsia de posse, maquinação do lucro e agiotagem, em suma, todos os vícios engordurados aos quais ele próprio se entrega em segredo; e por idealismo a crença na virtude, no amor humano universal e, em geral, em um "mundo melhor", com o que se exibe diante dos outros mas nos quais ele próprio acredita, no máximo, enquanto se preocupa em atravessar a ressaca moral ou a bancarrota que necessariamente se seguem aos seus habituais excessos "materialistas" e, assim, canta a sua cantiga predileta: que o homem é meio animal, meio anjo.

De resto, Starcke esforça-se muito para defender Feuerbach dos ataques e teoremas dos professores de segundo escalão que hoje se propagam na Alemanha sob o nome de filósofos. Para as pessoas que se interessam por essa placenta da filosofia clássica alemã isso é certamente importante; para o próprio Starcke isso pode até parecer necessário. Nós pouparemos os leitores disso.

III

Der wirkliche Idealismus Feuerbachs tritt zutage, sobald wir auf seine Religionsphilosophie und Ethik kommen. Er will die Religion keineswegs abschaffen, er will sie vollenden. Die Philosophie selbst soll aufgehn in Religion. „Die Perioden der Menschheit unterscheiden sich nur durch religiöse Veränderungen. Nur da geht eine geschichtliche Bewegung auf den Grund ein, wo sie auf das Herz des Menschen eingeht. Das Herz ist nicht eine Form der Religion, so daß sie auch im Herzen sein sollte; es ist das Wesen der Religion." (Zitiert bei Starcke, S. 168.) Religion ist nach Feuerbach das Gefühlsverhältnis, das Herzensverhältnis zwischen Mensch und Mensch, das bisher in einem phantastischen Spiegelbild der Wirklichkeit – in der Vermittlung durch einen oder viele Götter, phantastische Spiegelbilder menschlicher Eigenschaften – seine Wahrheit suchte, jetzt aber in der Liebe zwischen Ich und Du sie direkt und ohne Vermittlung findet. Und so wird bei Feuerbach schließlich die Geschlechtsliebe eine der höchsten, wenn nicht die höchste Form der Ausübung seiner neuen Religion.

Nun haben Gefühlsverhältnisse zwischen den Menschen, namentlich auch zwischen beiden Geschlechtern bestanden, solange es Menschen gibt. Die Geschlechtsliebe speziell hat in den letzten achthundert Jahren eine Ausbildung erhalten und eine Stellung erobert, die sie während dieser Zeit zum obligatorischen Drehzapfen aller Poesie gemacht hat. Die bestehenden positiven Religionen haben sich darauf beschränkt,

Die Neue Zeit. Ano 4.
Caderno 5, maio de 1886.

III

O idealismo efetivo de Feuerbach se explicita assim que chegamos à sua filosofia da religião e da ética. Ele não quer de modo algum abolir a religião, ele quer realizá-la. A própria filosofia deve se transformar em religião. "Os períodos da humanidade se diferenciam apenas pelas transformações religiosas. Um movimento histórico somente aceita o fundamento quando aceita o coração do homem. O coração não é uma forma da religião, como se ela também devesse estar no coração; o coração é a essência da religião" (citado por Starcke, p. 168). A religião é, segundo Feuerbach, a relação de sentimentos, a relação de corações entre os homens, que até então procurava a sua verdade em uma imagem especular fantástica da realidade efetiva — pela mediação de um ou de muitos Deuses, imagens especulares fantásticas de qualidades humanas —, mas agora a encontra diretamente e sem mediação no amor entre o Eu e o Tu. Para Feuerbach, o amor sexual torna-se, assim, uma das mais elevadas, se não a mais elevada, forma de exercício de sua nova religião.

Afinal, as relações de sentimentos entre os homens, isto é, entre os dois sexos, têm existido desde que há seres humanos. Particularmente o amor sexual conheceu um desenvolvimento nos últimos oitocentos anos e conquistou uma posição que, durante este tempo, fizeram-no eixo obrigatório de toda poesia. As religiões positivas existentes se limitaram a consagrar

der staatlichen Regelung der Geschlechtsliebe, d.h. der Ehegesetzgebung, die höhere Weihe zu geben, und können morgen sämtlich verschwinden, ohne daß an der Praxis von Liebe und Freundschaft das Geringste geändert wird. Wie die christliche Religion denn auch in Frankreich von 1793 bis 1798 faktisch so sehr verschwunden war, daß selbst Napoleon sie nicht ohne Widerstreben und Schwierigkeit wieder einführen konnte, ohne daß jedoch während des Zwischenraums das Bedürfnis nach einem Ersatz im Sinn Feuerbachs hervortrat.

Der Idealismus besteht hier bei Feuerbach darin, daß er die auf gegenseitiger Neigung beruhenden Verhältnisse der Menschen zueinander, Geschlechtsliebe, Freundschaft, Mitleid, Aufopferung usw., nicht einfach als das gelten läßt, was sie ohne Rückerinnerung an eine, auch für ihn der Vergangenheit angehörige, besondre Religion aus sich selbst sind, sondern behauptet, sie kämen erst zu ihrer vollen Geltung, sobald man ihnen eine höhere Weihe gibt durch den Namen Religion. Die Hauptsache für ihn ist nicht, daß diese rein menschlichen Beziehungen existieren, sondern daß sie als die neue, wahre Religion aufgefaßt werden. Sie sollen für voll gelten, erst wenn sie religiös abgestempelt sind. Religion kommt her von religare und heißt ursprünglich Verbindung. Also ist jede Verbindung zweier Menschen eine Religion. Solche etymologische Kunststücke bilden das letzte Auskunftsmittel der idealistischen Philosophie. Nicht was das Wort nach der geschichtlichen Entwicklung seines wirklichen Gebrauchs bedeutet, sondern was es der Abstammung nach bedeuten sollte, das soll gelten. Und so wird die Geschlechtsliebe und die geschlechtliche Verbindung in eine „Religion" verhimmelt, damit nur ja nicht das der idealistischen Erinnerung teure Wort Religion aus der Sprache verschwinde. Grade so sprachen in den vierziger Jahren die Pariser Reformisten der Louis Blancschen Richtung, die sich ebenfalls einen Menschen ohne Religion nur als ein Monstrum vorstellen konnten und uns sagten: Donc, l'athéisme c'est votre

de modo elevado a regulação estatal do amor sexual, isto é, a legislação do matrimônio, e amanhã podem desaparecer conjuntamente sem que na prática do amor e da amizade o mínimo tenha sido alterado. Como a religião cristã na França, que também desapareceu factualmente de 1793 a 1798, de tal modo que nem o próprio Napoleão pôde reintroduzi-la sem relutância e dificuldade, sem que, porém, tenha surgido nesse intervalo a necessidade de uma substituição no sentido de Feuerbach.

Para Feuerbach, o idealismo consiste na permissão de simplesmente considerar as relações dos homens com base na inclinação mútua entre si, amor sexual, amizade, compaixão, sacrifício etc., relações estas que não são rememoradas a partir de si mesmas sem que se recorde de uma religião particular, mesmo as que para ele pertencem ao passado. Pelo contrário, Feuerbach afirma que elas só alcançam sua validade plena assim que recebem uma consagração superior sob o nome religião. A questão principal para ele não é que essas inter-relações puramente humanas existam, mas que elas sejam apreendidas como a nova, verdadeira religião. Elas só devem ter validade plena se receberam o selo religioso. Religião vem de *religare* e, originariamente, significa ligação. Toda a ligação entre dois homens é, portanto, uma religião. Tais artifícios etimológicos formam o último meio de transmissão da filosofia idealista. O que deve valer não é o que a palavra significa segundo o desenvolvimento histórico do seu uso efetivo, mas o que deveria significar segundo sua descendência. E assim o amor sexual e o vínculo sexual são elevados ao céu de uma "religião" para que a palavra religião, cara à lembrança idealista, não desapareça da linguagem. É justamente assim que, nos anos quarenta, falavam os reformistas de Paris da orientação de Louis Blanc, os quais, igualmente, só podiam imaginar um homem sem religião como um monstro e nos diziam: *Donc, l'athéisme c'est votre religion!*[16]

religion! | Also der Atheismus ist eure Religion! | Wenn Feuerbach die wahre Religion auf Grundlage einer wesentlich materialistischen Naturanschauung herstellen will, so heißt das soviel, wie die moderne Chemie als die wahre Alchimie auffassen. Wenn die Religion ohne ihren Gott bestehen kann, dann auch die Alchimie ohne ihren Stein der Weisen. Es besteht übrigens ein sehr enges Band zwischen Alchimie und Religion. Der Stein der Weisen hat viele gottähnliche Eigenschaften, und die ägyptisch-griechischen Alchimisten der ersten beiden Jahrhunderte unserer Zeitrechnung haben bei der Ausbildung der christlichen Doktrin ihr Händchen mit im Spiel gehabt, wie die bei Kopp und Berthelot gegebenen Daten beweisen.

Entschieden falsch ist Feuerbachs Behauptung, daß die „Perioden der Menschheit sich nur durch religiöse Veränderungen unterscheiden". | Große geschichtliche Wendepunkte sind von religiösen Veränderungen *begleitet* worden, nur soweit die drei Weltreligionen in Betracht kommen, die bisher bestanden haben: Buddhismus, Christentum, Islam. | Die alten naturwüchsig entstandnen Stammes- und Nationalreligionen waren | nicht propagandistisch und verloren | alle Widerstandskraft, sobald die Selbständigkeit der Stämme und Völker gebrochen war; bei den Germanen genügte sogar die einfache Berührung mit dem verfallenden römischen Weltreich und der von ihm soeben aufgenommenen, seinem ökonomischen, politischen und ideellen Zustand angemeßnen christlichen Weltreligion. Erst bei diesen mehr oder weniger künstlich entstandnen Weltreligionen, namentlich beim Christentum und Islam, finden wir, daß allgemeinere geschichtliche Bewegungen ein religiöses Gepräge annehmen, und | selbst auf dem Gebiet des Christentums | ist das religiöse Gepräge, für Revolutionen von wirklich universeller Bedeutung, beschränkt auf die ersten Stufen des Emanzipationskampfs der Bourgeoisie, vom dreizehnten bis zum siebzehnten Jahrhundert, und erklärt sich nicht, wie Feuerbach meint, aus dem Herzen des Menschen und seinem

Feuerbach querer estabelecer a verdadeira religião tendo como fundamento uma visão da natureza essencialmente materialista significa o mesmo que apreender a química moderna como a verdadeira alquimia. Se a religião pode existir sem o seu Deus, então a alquimia também pode sem a sua pedra filosofal. Existe, aliás, uma conexão muito estreita entre alquimia e religião. A pedra filosofal tem muitas propriedades semelhantes às divinas, e os alquimistas greco-egípcios dos dois primeiros séculos da nossa era influenciaram a formação da doutrina cristã, como comprovam os dados fornecidos por Kopp e Berthelot.[17]

É absolutamente falsa a afirmação de Feuerbach de que os "períodos da humanidade se diferenciam apenas por transformações religiosas". | Grandes pontos de mudança histórica foram *acompanhados* por transformações religiosas na medida em que se considerem apenas as três religiões mundiais que até agora existiram: budismo, cristianismo, islamismo. | As velhas religiões tribais e nacionais, que surgiram de modo espontâneo-natural, | não faziam propagandas e perderam | todo o poder de resistência logo que a autonomia das tribos e povos foi rompida; entre os germanos bastou, inclusive, o simples contato com o império mundial romano em decadência e com a religião mundial cristã por ele recentemente adotada e conveniente a seu estado econômico, político e ideal. Somente nessas religiões mundiais, que surgem de modo mais ou menos artificial, particularmente no cristianismo e islamismo, encontramos movimentos históricos mais gerais que adotam um caráter religioso e, | mesmo no âmbito do cristianismo, | o caráter religioso limita-se, nas revoluções com significado efetivamente universal, aos primeiros estágios da luta de emancipação da burguesia do século XIII ao século XVII, e não se explica, como pensa Feuerbach, pelo coração do homem e por sua carência religiosa,

Religionsbedürfnis, sondern aus der ganzen mittelalterlichen Vorgeschichte, die keine andere Form der Ideologie kannte als eben die Religion und Theologie. Als aber die Bourgeoisie im 18. Jahrhundert hinreichend erstarkt war, um auch ihre eigne, ihrem Klassenstandpunkt angemeßne Ideologie zu haben, da machte sie ihre große und endgültige Revolution, die französische, unter dem ausschließlichen Appell an juristische und politische Ideen durch und kümmerte sich um die Religion nur so weit, als diese ihr im Wege stand; es fiel ihr aber nicht ein, eine neue Religion an die Stelle der alten zu setzen; | man weiß, wie Robespierre damit scheiterte. |

Die Möglichkeit rein menschlicher Empfindung im Verkehr mit andern Menschen wird uns heutzutage schon genug verkümmert durch die auf Klassengegensatz und Klassenherrschaft gegründete Gesellschaft, in der wir uns bewegen müssen: Wir haben keinen Grund, sie uns selbst noch mehr zu verkümmern, indem wir diese Empfindungen in eine Religion verhimmeln. Und ebenso wird das Verständnis der geschichtlichen großen Klassenkämpfe von der landläufigen Geschichtschreibung, namentlich in Deutschland, schon hinreichend verdunkelt, auch ohne daß wir nötig hätten, es durch Verwandlung dieser Kampfesgeschichte in einen bloßen Anhang der Kirchengeschichte uns vollends unmöglich zu machen. Schon hier zeigt sich, wie weit wir uns heute von Feuerbach entfernt haben. Seine „schönsten Stellen", zur Feier dieser neuen Liebesreligion, sind heute gar nicht mehr lesbar.

Die einzige Religion, die Feuerbach ernstlich untersucht, ist das Christentum, die Weltreligion des Abendlands, die auf den Monotheismus gegründet ist. Er weist nach, daß der christliche Gott nur der phantastische Reflex, das Spiegelbild des Menschen ist. Nun aber ist dieser Gott selbst das Produkt eines langwierigen Abstraktionsprozesses, die konzentrierte Quintessenz der früheren vielen Stammes- und Nationalgötter. Und dementsprechend ist auch der Mensch, dessen Abbild jener Gott

mas por toda a pré-história medieval que não conhecia outra forma de ideologia além da religião e da teologia. Quando, porém, a burguesia se fortaleceu no século XVIII o suficiente para ter a sua própria ideologia, adequada à sua posição de classe, fez, então, a sua grande e definitiva revolução, a francesa, sob o apelo exclusivo às ideias jurídicas e políticas, e só se preocupou com a religião na medida em que ela se colocava no caminho; mas não lhe ocorreu estabelecer uma nova religião no lugar da antiga; | sabemos como Robespierre[18] fracassou nisso. |

Hoje em dia, a possibilidade de um sentimento puramente humano no intercâmbio com outros homens já se atrofiou para nós o suficiente devido à sociedade, na qual temos que nos movimentar, fundada na oposição de classes e na dominação de classe: não há razão para deixar ela nos atrofiar ainda mais elevando aos céus esses sentimentos em uma religião. E, do mesmo modo, a compreensão das grandes lutas de classes históricas torna-se para nós já suficientemente obscurecida pela historiografia corrente, especialmente na Alemanha, sem que nós, pela transformação dessa história de lutas em um mero apêndice da história da Igreja, também necessitemos torná-la completamente impossível para nós. Já aqui fica claro o quanto hoje estamos distantes de Feuerbach. As suas "mais belas passagens", de celebração dessa nova religião do amor, são absolutamente inteligíveis hoje.

A única religião que Feuerbach investiga seriamente é o cristianismo, a religião mundial do Ocidente, fundado no monoteísmo. Ele demonstra que o Deus cristão é apenas o reflexo fantástico, a imagem especular do homem. Entretanto, esse mesmo Deus é o produto de um longo processo de abstração, a quintessência concentrada dos muitos Deuses anteriores, de tribos e nações. E, correspondentemente, o homem cuja imagem é

ist, nicht ein wirklicher Mensch, sondern ebenfalls die Quintessenz der vielen wirklichen Menschen, der abstrakte Mensch, also selbst wieder ein Gedankenbild. Derselbe Feuerbach, der auf jeder Seite Sinnlichkeit, Versenkung ins Konkrete, in die Wirklichkeit predigt, er wird durch und durch abstrakt, sowie er auf einen weiteren als den bloß geschlechtlichen Verkehr zwischen den Menschen zu sprechen kommt.

Dieser Verkehr bietet ihm nur eine Seite: die Moral. Und hier frappiert uns wieder die erstaunliche Armut Feuerbachs verglichen mit Hegel. Dessen Ethik oder Lehre von der Sittlichkeit ist die Rechtsphilosophie und umfaßt: 1. das abstrakte Recht, 2. die Moralität, 3. die Sittlichkeit, unter welcher wieder zusammengefaßt sind: die Familie, die bürgerliche Gesellschaft, der Staat. So idealistisch die Form, so realistisch ist hier der Inhalt. Das ganze Gebiet des Rechts, der Ökonomie, der Politik ist neben der Moral hier mit einbegriffen. Bei Feuerbach grade umgekehrt. Er ist der Form nach realistisch, er geht vom Menschen aus; aber von der Welt, worin dieser Mensch lebt, ist absolut nicht die Rede, und so bleibt dieser Mensch stets derselbe abstrakte Mensch, der in der Religionsphilosophie das Wort führte. Dieser Mensch ist eben nicht aus dem Mutterleib geboren, er hat sich aus dem Gott der monotheistischen Religionen entpuppt, er lebt daher auch nicht in einer wirklichen, geschichtlich entstandenen und geschichtlich bestimmten Welt; er verkehrt zwar mit andern Menschen, aber jeder andere ist ebenso abstrakt wie er selbst. In der Religionsphilosophie hatten wir doch noch Mann und Weib, aber in der Ethik verschwindet auch dieser letzte Unterschied. Allerdings kommen bei Feuerbach in weiten Zwischenräumen Sätze vor wie: „In einem Palast denkt man anders als in einer Hütte." — „Wo du vor Hunger, vor Elend keinen Stoff im Leibe hast, da hast du auch in deinem Kopfe, in deinem Sinne und Herzen keinen Stoff zur Moral." — „Die Politik muß unsere Religion werden"

esse Deus também não é um homem efetivo, mas a quintessência dos muitos homens efetivos, o homem abstrato, portanto, ele próprio novamente uma imagem do pensamento. O mesmo Feuerbach que a cada página prega a sensibilidade, o mergulho no elemento concreto, na realidade efetiva, torna-se, por todos os lados, abstrato, na medida em que fala de um intercâmbio entre homens mais amplo do que o mero intercâmbio sexual.

Esse intercâmbio só lhe oferece um lado: a moral. E aqui nos surpreendemos novamente com a espantosa pobreza de Feuerbach comparado com Hegel. A ética ou doutrina da eticidade de Hegel é a filosofia do direito, abarcando: 1. o direito abstrato, 2. a moralidade, 3. a eticidade, sob a qual, por sua vez, estão reunidos: a família, a sociedade civil-burguesa e o Estado. A forma é tão idealista quanto o conteúdo é aqui realista. Todo o domínio do direito, da economia, da política, é apreendido conjuntamente com a moral. Em Feuerbach, ocorre justamente o contrário. Ele é realista segundo a forma, ele parte do homem; mas não se fala absolutamente nada do mundo onde esse homem vive e, assim, esse homem permanece sempre o mesmo homem abstrato que na filosofia da religião detinha a palavra. Esse homem não nasceu do corpo da mãe, mas sim revelou-se do Deus das religiões monoteístas, e, consequentemente, também não vive em um mundo efetivo que surgiu historicamente e foi determinado historicamente; de fato, ele entra em intercâmbio com outros homens, mas cada um dos outros são tão abstratos quanto ele. Na filosofia da religião, temos ainda homem e mulher, mas na ética essa última diferença também desaparece. Em Feuerbach aparecem, de fato, longos intervalos, proposições como: "Em um palácio pensa-se de modo diferente do que em uma cabana." — "Onde, diante da fome, da miséria, tu não tens matéria nenhuma no corpo, não tens também na cabeça, nos sentidos e no coração, matéria para a moral." — "A política tem de se tornar a nossa religião" etc.[19] Mas Feuerbach não sabe absolutamente como começar a

usw. Aber mit diesen Sätzen weiß Feuerbach absolut nichts anzufangen, sie bleiben pure Redensarten, und selbst Starcke muß eingestehn, daß die Politik für Feuerbach eine unpassierbare Grenze war und die „Gesellschaftslehre, die Soziologie für ihn eine terra incognita | ein unbekanntes Land |".

Ebenso flach erscheint er gegenüber Hegel in der Behandlung des Gegensatzes von Gut und Böse. „Man glaubt etwas sehr Großes zu sagen — heißt es bei Hegel — wenn man sagt: Der Mensch ist von Natur gut; aber man vergißt, daß man etwas weit Größeres sagt mit den Worten: Der Mensch ist von Natur böse." Bei Hegel ist das Böse die Form, worin die Triebkraft der geschichtlichen Entwicklung sich darstellt. Und zwar liegt hierin der doppelte Sinn, daß einerseits jeder neue Fortschritt notwendig auftritt als Frevel gegen ein Heiliges, als Rebellion gegen die alten, absterbenden, aber durch die Gewohnheit geheiligten Zustände, und andrerseits, daß seit dem Aufkommen der Klassengegensätze es grade die schlechten Leidenschaften der Menschen sind, Habgier und Herrschsucht, die zu Hebeln der geschichtlichen Entwicklung werden, wovon z.B. die Geschichte des Feudalismus und der Bourgeoisie ein einziger fortlaufender Beweis ist. Aber die historische Rolle des moralisch Bösen zu untersuchen, fällt Feuerbach nicht ein. Die Geschichte ist ihm überhaupt ein ungemütliches, unheimliches Feld. Sogar sein Ausspruch: „Der Mensch, der ursprünglich aus der Natur entsprang, war auch nur ein reines Naturwesen, kein Mensch. Der Mensch ist ein Produkt des Menschen, der Kultur, der Geschichte" -selbst dieser Ausspruch bleibt bei ihm durchaus unfruchtbar.

Was uns Feuerbach über Moral mitteilt, kann hiernach nur äußerst mager sein. Der Glückseligkeitstrieb ist dem Menschen eingeboren und muß daher die Grundlage aller Moral bilden. Aber der Glückseligkeitstrieb erfährt eine doppelte Korrektur. Erstens durch die natürlichen Folgen unsrer Handlungen: Auf den Rausch folgt der Katzenjammer, auf den gewohnheitsmä-

agir com essas proposições, elas permanecem puros modismos de fala, e o próprio Starcke tem de admitir que a política era para Feuerbach um limite intransponível e que a "doutrina da sociedade, a sociologia, era para ele uma *terra incógnita*".[20]

Diante de Hegel, parece igualmente superficial no tratamento da oposição entre bem e mal. "Crê-se que se diz algo muito grande" — vemos em Hegel — "quando se diz: o homem é bom por natureza; mas esquecemos que dizemos algo ainda maior com as palavras: o homem é mau por natureza."[21] Em Hegel, o mal é a forma em que a força motriz do desenvolvimento histórico se apresenta. E de fato aqui reside o duplo sentido segundo o qual, por um lado, cada novo progresso aparece necessariamente como um sacrilégio contra um elemento sagrado, como rebelião contra situações antigas, atrofiadas, mas sacralizadas pelo hábito, e, por outro lado, desde o aparecimento das oposições de classes, são justamente as piores paixões dos homens, cobiça e ânsia de domínio, que se tornaram alavancas do desenvolvimento histórico, e das quais, por exemplo, a história do feudalismo e da burguesia são uma única e contínua prova. Não ocorre a Feuerbach, porém, investigar o papel histórico do mal moral. Em geral, a história é para ele um campo desagradável, monstruoso. Nesse sentido, inclusive, o seu dito: "O homem que originariamente surgiu da natureza era apenas também uma pura essência da natureza, não era homem. O homem é um produto do homem, da cultura, da história",[22] mesmo esse dito permanece para ele completamente improdutivo.

O que Feuerbach nos indica sobre moral somente pode, de acordo com isso, ser algo extremamente pobre. O impulso para a felicidade é inato ao homem e tem de formar, portanto, a fundamentação de toda a moral. Mas o impulso para a felicidade experimenta uma dupla correção.[23] Em primeiro lugar, pelas consequências naturais das nossas ações: à bebedeira segue-se a ressaca, aos excessos habituais a doença. Em segundo lugar, pelas suas consequências sociais: se não respeitamos o mesmo

ßigen Exzeß die Krankheit. Zweitens durch ihre gesellschaftlichen Folgen: Respektieren wir nicht den gleichen Glückseligkeitstrieb der andern, so wehren sie sich und stören unsern eignen Glückseligkeitstrieb. Hieraus folgt, daß wir, um unsern Trieb zu befriedigen, die Folgen unsrer Handlungen richtig abzuschätzen imstande sein und andrerseits die Gleichberechtigung des entsprechenden Triebs bei andern gelten lassen müssen. Rationelle Selbstbeschränkung in Beziehung auf uns selbst und Liebe — immer wieder Liebe! — im Verkehr mit andern sind also die Grundregeln der Feuerbachschen Moral, aus denen alle andern sich ableiten. Und weder die geistvollsten Ausführungen Feuerbachs noch die stärksten Lobsprüche Starckes können die Dünnheit und Plattheit dieser paar Sätze verdecken.

Der Glückseligkeitstrieb befriedigt sich nur sehr ausnahmsweise und keineswegs zu seinem und andrer Leute Vorteil durch die Beschäftigung eines Menschen mit ihm selbst. Sondern er erfordert Beschäftigung mit der Außenwelt, Mittel der Befriedigung, also Nahrung, ein Individuum des andern Geschlechts, Bücher, Unterhaltung, Debatte, Tätigkeit, Gegenstände der Vernutzung und Verarbeitung. Die Feuerbachsche Moral setzt entweder voraus, daß diese Mittel und Gegenstände der Befriedigung jedem Menschen ohne weiteres gegeben sind, oder aber sie gibt ihm nur unanwendbare gute Lehren, ist also keinen Schuß Pulver wert für die Leute, denen diese Mittel fehlen. Und das erklärt Feuerbach selbst in dürren Worten: „In einem Palast denkt man anders als in einer Hütte." „Wo du vor Hunger, vor Elend keinen Stoff im Leibe hast, da hast du auch in deinem Kopfe, in deinem Sinne und Herzen keinen Stoff zur Moral."

Steht es etwa besser mit der Gleichberechtigung des Glückseligkeitstriebs andrer? Feuerbach stellt diese Forderung absolut hin, als gültig für alle Zeiten und Umstände. Aber seit wann gilt sie? War im Altertum zwischen Sklaven und Herren, im Mittelalter zwischen Leibeignen und Baronen je die

impulso dos outros para a felicidade, eles irão se defender e perturbarão o nosso próprio impulso para a felicidade. Segue-se daqui que nós, para satisfazermos o nosso impulso, temos de estar em condições de avaliar de modo correto as consequências das nossas ações e temos, por outro lado, de estar em condições de fazer valer a igualdade de direito dos outros em relação ao impulso correspondente. Autodelimitação racional em relação a nós próprios e ao amor — sempre novamente o amor! — no intercâmbio com os outros são, portanto, as regras fundamentais da moral feuerbachiana, a partir das quais todas as outras derivam. E nem as mais espirituosas exposições de Feuerbach, nem os mais vigorosos elogios de Starcke, podem esconder a fraqueza e a banalidade desse par de proposições.

O impulso para a felicidade satisfaz-se apenas muito excepcionalmente e de modo algum em benefício de si e de outras pessoas, através da ocupação de um homem consigo mesmo. Requer, porém, ocupação com o mundo exterior, com os meios de satisfação: alimentação, um indivíduo do outro sexo, livros, conversas, debates, atividade, objetos para uso e elaboração. A moral de Feuerbach ou pressupõe que estes meios e objetos de satisfação sejam dados sem mais a todo homem, ou ela lhe dá, porém, apenas boas doutrinas inaplicáveis. Não vale, portanto, absolutamente nada para as pessoas às quais esses meios faltam. E o próprio Feuerbach nos explica isso com palavras duras: "Em um palácio pensa-se de modo diferente do que em uma cabana." "Onde, diante da fome, da miséria, tu não tens matéria nenhuma no corpo, não tens também na cabeça, nos sentidos e coração, matéria para a moral."

As coisas ficarão melhores com a igualdade de direito em relação ao impulso de felicidade do outro? Feuerbach apresenta essa reivindicação como absolutamente válida para todas as épocas e circunstâncias. Mas desde quando ela vale? Na Antiguidade, entre escravos e senhores, na Idade Média, entre servos e barões, tinha-se em vista a igualdade de direito em

Rede von Gleichberechtigung des Glückseligkeitstriebs? Wurde nicht der Glückseligkeitstrieb der unterdrückten Klasse rücksichtslos und „von Rechts wegen" dem der herrschenden zum Opfer gebracht? — Ja, das war auch unmoralisch, jetzt aber ist die Gleichberechtigung anerkannt. — Anerkannt in der Phrase, seitdem und sintemal die Bourgeoisie in ihrem Kampf gegen die Feudalität und in der Ausbildung der kapitalistischen Produktion gezwungen war, alle ständischen, d.h. persönlichen Privilegien abzuschaffen und zuerst die privatrechtliche, dann auch allmählich die staatsrechtliche, juristische Gleichberechtigung der Person einzuführen. Aber der Glückseligkeitstrieb lebt nur zum geringsten Teil von ideellen Rechten und zum allergrößten von materiellen Mitteln, und da sorgt die kapitalistische Produktion dafür, daß der großen Mehrzahl der gleichberechtigten Personen nur das zum knappen Leben Notwendige zufällt, respektiert also die Gleichberechtigung des Glückseligkeitstriebs der Mehrzahl kaum, wenn überhaupt, besser, als die Sklaverei oder die Leibeigenschaft dies tat. Und steht es besser in betreff der geistigen Mittel der Glückseligkeit, der Bildungsmittel? Ist nicht selbst „der Schulmeister von Sadowa" eine mythische Person?

Noch mehr. Nach der Feuerbachschen Moraltheorie ist die Fondsbörse der höchste Tempel der Sittlichkeit — vorausgesetzt nur, daß man stets richtig spekuliert. Wenn mein Glückseligkeitstrieb mich auf die Börse führt und ich dort die Folgen meiner Handlungen so richtig erwäge, daß sie mir nur Annehmlichkeit und keinen Nachteil bringen, d.h. daß ich stets gewinne, so ist Feuerbachs Vorschrift erfüllt. Auch greife ich dadurch nicht in den gleichen Glückseligkeitstrieb eines andern ein, denn der andre ist ebenso freiwillig an die Börse gegangen wie ich, ist beim Abschluß des Spekulationsgeschäfts mit mir ebensogut seinem Glückseligkeitstrieb gefolgt wie ich dem meinigen. Und verliert er sein Geld, so beweist sich eben dadurch seine Handlung, weil schlecht berechnet, als unsittlich,

relação ao impulso para a felicidade? O impulso para a felicidade da classe oprimida não era, de modo brutal e "de direito", sacrificado em prol do impulso de felicidade da dominante? — Sim, isso também era imoral, mas agora a igualdade de direito é reconhecida. — Reconhecida na fraseologia, desde que é visto que a burguesia, na sua luta contra a feudalidade e no desenvolvimento da produção capitalista, foi obrigada a abolir todos os privilégios estamentais, isto é, pessoais, e a introduzir a igualdade jurídica de direito da pessoa, primeiro, a do direito privado, depois também, gradualmente, a do direito estatal. Mas o impulso para a felicidade não vive senão, minimamente, de direitos ideais e, na maior parte, de meios materiais; e a produção capitalista cuida para que caiba à grande maioria das pessoas com direitos iguais apenas o necessário a uma vida estreita, e portanto mal respeita, se é que em geral respeita, a igualdade de direito do impulso da maioria para a felicidade mais do que a escravidão ou a servidão o fizeram. E essa situação é melhor no que concerne aos meios espirituais da felicidade, aos meios de formação cultural? Não é o próprio "mestre-escola de Sadowa"[24] uma personagem mítica?

Mas ainda: segundo a teoria da moral de Feuerbach, a bolsa de valores é o templo supremo da eticidade — pressupondo apenas que se especula sempre corretamente. Se o meu impulso para a felicidade me conduz à bolsa de valores e lá eu pondero corretamente as consequências das minhas ações de tal modo que elas só me trazem vantagem e nenhum prejuízo, isto é, eu sempre ganho, a prescrição de Feuerbach está cumprida. Também não interfiro no mesmo impulso de felicidade de outra pessoa, afinal o outro, assim como eu, dirigiu-se por livre vontade à bolsa, seguiu seu impulso de felicidade ao fechar o negócio especulativo tanto quanto eu fizera. E se ele perde seu dinheiro, sua ação comprova-se por meio disso ser mal cal-

und indem ich an ihm die verdiente Strafe vollstrecke, kann ich mich sogar als moderner Rhadamanthus stolz in die Brust werfen. Auch die Liebe herrscht an der Börse, insoweit sie nicht bloß sentimentale Phrase ist, denn jeder findet im andern die Befriedigung seines Glückseligkeitstriebs, und das ist ja, was die Liebe leisten soll und worin sie praktisch sich betätigt. Und wenn ich da in richtiger Voraussicht der Folgen meiner Operationen, also mit Erfolg spiele, so erfülle ich alle die strengsten Forderungen der Feuerbachschen Moral und werde ein reicher Mann obendrein. Mit andern Worten, Feuerbachs Moral ist auf die heutige kapitalistische Gesellschaft zugeschnitten, so wenig er selbst das wollen oder ahnen mag.

Aber die Liebe! — Ja, die Liebe ist überall und immer der Zaubergott, der bei Feuerbach über alle Schwierigkeiten des praktischen Lebens hinweghelfen soll — und das in einer Gesellschaft, die in Klassen mit diametral entgegengesetzten Interessen gespalten ist. Damit ist denn der letzte Rest ihres revolutionären Charakters aus der Philosophie verschwunden, und es bleibt nur die alte Leier: Liebet euch untereinander, fallt euch in die Arme ohne Unterschied des Geschlechts und des Standes — allgemeiner Versöhnungsdusel!

Kurz und gut. Es geht der Feuerbachschen Moraltheorie wie allen ihren Vorgängerinnen. Sie ist auf alle Zeiten, alle Völker, alle Zustände zugeschnitten, und eben deswegen ist sie nie und nirgends anwendbar und bleibt der wirklichen Welt gegenüber ebenso ohnmächtig wie Kants kategorischer Imperativ. In Wirklichkeit hat jede Klasse, sogar jede Berufsart ihre eigne Moral und bricht auch diese, wo sie es ungestraft tun kann, und die Liebe, die alles einen soll, kommt zu Tag in Kriegen, Streitigkeiten, Prozessen, häuslichem Krakeel, Ehescheidung und möglichster Ausbeutung der einen durch die andern.

culada, como imoral, e ao levar a cabo a pena que ele merece, posso até ufanar orgulhosamente como um Rhadamanthus moderno. O amor domina também na Bolsa, na medida em que ele não é mera fraseologia sentimental, afinal, cada um encontra no outro a satisfação do seu impulso para a felicidade, e é justamente isso que o amor deve cumprir e a isso que ele se dedica na prática. E se eu aí jogar possuindo a previsão correta das consequências das minhas operações, portanto, se eu jogar com sucesso, realizarei todas as mais rigorosas exigências da moral de Feuerbach e me tornarei, além disso, um homem rico. | Dito de outro modo: a moral de Feuerbach está talhada pela atual sociedade capitalista, por mais que ele próprio não queira isso ou possa suspeitar. |

Mas o amor! — Sim, o amor é em toda parte e sempre o Deus da fascinação que, em Feuerbach, deve ajudar a superar todas as dificuldades da vida prática — e isto numa sociedade que está cindida em classes com interesses diametralmente contrapostos. Desse modo, desapareceu da filosofia o último resto do seu caráter revolucionário, e permanece apenas a velha lenga-lenga: amai-vos uns aos outros, derramai-vos sobre os braços uns dos outros, sem diferença de gênero e estamento — o devaneio da reconciliação universal!

Em poucas palavras: passa-se pela teoria moral de Feuerbach assim como se passa pela de todos seus predecessores. Tal teoria está talhada em todos os tempos, em todos os povos, em todas as situações, e, precisamente por isso, ela nunca, e em parte alguma, é aplicável, permanecendo diante do mundo efetivo tão impotente quanto o imperativo categórico de Kant. Na realidade, cada classe, inclusive cada tipo profissional, tem sua própria moral, e rompe com esta onde o pode fazer impunemente, e o amor, que tudo deve unir, vem à luz do dia em guerras, conflitos, processos, barulhos domésticos, divórcios e na máxima exploração possível de uns pelos outros.

Wie aber war es möglich, daß der gewaltige, durch Feuerbach gegebene Anstoß für ihn selbst so unfruchtbar auslief? Einfach dadurch, daß Feuerbach aus dem ihm selbst tödlich verhaßten Reich der Abstraktionen den Weg nicht finden kann zur lebendigen Wirklichkeit. Er klammert sich gewaltsam an die Natur und den Menschen; aber Natur und Mensch bleiben bei ihm bloß Worte. Weder von der wirklichen Natur noch von den wirklichen Menschen weiß er uns etwas Bestimmtes zu sagen. Vom Feuerbachschen abstrakten Menschen kommt man aber nur zu den wirklichen lebendigen Menschen, wenn man sie in der Geschichte handelnd betrachtet. Und dagegen sträubte sich Feuerbach, und daher bedeutete das Jahr 1848, das er nicht begriff, für ihn nur den endgültigen Bruch mit der wirklichen Welt, den Rückzug in die Einsamkeit. Die Schuld hieran tragen wiederum hauptsächlich die deutschen Verhältnisse, die ihn elend verkommen ließen.

Aber der Schritt, den Feuerbach nicht tat, mußte dennoch getan werden; der Kultus des abstrakten Menschen, der den Kern der Feuerbachschen neuen Religion bildete, mußte ersetzt werden durch die Wissenschaft von den wirklichen Menschen und ihrer geschichtlichen Entwicklung. Diese Fortentwicklung des Feuerbachschen Standpunkts über Feuerbach hinaus wurde eröffnet 1845 durch Marx in der „Heiligen Familie".

Mas como era possível que o impulso violento, dado por Feuerbach, tenha chegado a ele próprio de modo tão improdutivo? Simplesmente por Feuerbach não conseguir encontrar o caminho que parte do reino das abstrações, mortalmente odiadas por ele mesmo, em direção à realidade efetiva viva. Ele se agarrou com toda força à natureza e ao homem; mas, natureza e homem permanecem para ele meras palavras. Ele não sabe nos dizer algo determinado nem sobre a natureza efetiva, nem sobre o homem efetivo. No entanto, somente se chega do homem abstrato de Feuerbach aos homens vivos efetivos caso estes sejam considerados agindo no interior da história. Feuerbach se opõe a isso e, dessa maneira, o ano de 1848, que ele não compreendeu, significou para ele apenas a ruptura definitiva com o mundo efetivo, o recolhimento para a solidão. Por outro lado, a culpa disso se deve principalmente às relações na Alemanha, que o degeneraram miseravelmente.

Mas o passo que Feuerbach não deu, precisava, ainda assim, ser dado; o culto ao homem abstrato, que formava o núcleo da nova religião de Feuerbach, tinha de ser substituído pela ciência dos homens efetivos e de seu desenvolvimento histórico. Esse desenvolvimento posterior, a partir da posição de Feuerbach, e para além dele, foi inaugurado por Marx, em 1845, em *A sagrada família*.

IV

Strauß, Bauer, Stirner, Feuerbach, das waren die Ausläufer der Hegelschen Philosophie, soweit sie den philosophischen Boden nicht verließen. Strauß hat, nach dem „Leben Jesu" | und der „Dogmatik", | nur noch philosophische und kirchengeschichtliche Belletristik à la Renan getrieben; Bauer hat nur auf dem Gebiet der Entstehungsgeschichte des Christentums etwas geleistet, aber hier auch Bedeutendes; Stirner blieb ein Kuriosum, selbst nachdem Bakunin ihn mit Proudhon verquickt und diese Verquickung „Anarchismus" getauft hatte; Feuerbach allein war bedeutend als Philosoph. Aber nicht nur blieb die Philosophie, die angeblich über allen besondern Wissenschaften schwebende, sie zusammenfassende wissenschaftswissenschaft, für ihn eine unüberschreitbare Schranke, ein unantastbar Heiliges; er blieb auch als Philosoph auf halbem Wege stehen, war unten Materialist, oben Idealist; er wurde mit Hegel nicht kritisch fertig, sondern warf ihn als unbrauchbar einfach beiseite, während er selbst, gegenüber dem enzyklopädischen Reichtum des Hegelschen Systems, nichts Positives fertigbrachte als eine schwülstige Liebesreligion und eine magere, ohnmächtige Moral.

Aus der Auflösung der Hegelschen Schule ging aber noch eine andere Richtung hervor, die einzige, die wirklich Früchte getragen hat, und diese Richtung knüpft sich wesentlich an den Namen Marx [1].

Die Trennung von der Hegelschen Philosophie erfolgte auch hier durch die Rückkehr zum materialistischen Standpunkt. Das heißt, man entschloß sich, die wirkliche Welt —

IV

Strauss, Bauer, Stirner, Feuerbach, eram esses os continuadores da filosofia de Hegel, na medida em que não abandonaram o solo filosófico. Strauss, depois da *A vida de Jesus* | e da *Dogmática*,[25] | praticou apenas ainda a beletrística filosófica e histórico-eclesial *à la* Renan; Bauer só realizou algo no âmbito da gênese do cristianismo, mas aqui também algo significativo; Stirner permaneceu uma curiosidade, mesmo depois de Bakunin o ter combinado com Proudhon e batizado essa combinação de "anarquismo"; apenas Feuerbach foi significativo como filósofo. Mas não apenas a filosofia — a ciência das ciências, que supostamente pairava acima e vinculava todas as ciências especiais — permaneceu uma barreira intransponível para ele, um elemento sagrado inviolável; ele permanece no meio do caminho, embaixo foi materialista, em cima idealista; não liquidou criticamente com Hegel, simplesmente o deixou de lado como inutilizável, enquanto ele mesmo, diante da riqueza enciclopédica do sistema de Hegel, não levou a cabo nada de positivo além de uma empolada religião do amor e de uma pouco satisfatória, impotente, moral.

Da dissolução da escola hegeliana surgiu, porém, ainda outra orientação, a única que efetivamente deu frutos e esta orientação vincula-se essencialmente ao nome de Marx.[26]

A separação da filosofia hegeliana resultou aqui também de um regresso à posição materialista. Isso significa que se decidiu apreender o mundo efetivo — natureza e história — tal

Natur und Geschichte – so aufzufassen, wie sie sich selbst einem jeden gibt, der ohne vorgefaßte idealistische Schrullen an sie herantritt; man entschloß sich, jede idealistische Schrulle unbarmherzig zum Opfer zu bringen, die sich mit den in ihrem eignen Zusammenhang, und in keinem phantastischen, aufgefaßten Tatsachen nicht in Einklang bringen ließ. Und weiter heißt Materialismus überhaupt nichts. Nur daß hier zum erstenmal mit der materialistischen Weltanschauung wirklich Ernst gemacht, daß sie auf allen in Frage kommenden Gebieten des Wissens – wenigstens in den Grundzügen – konsequent durchgeführt wurde.

Hegel wurde nicht einfach abseits gelegt; man knüpfte im Gegenteil an an seine oben entwickelte revolutionäre Seite, an die dialektische Methode. Aber diese Methode war in ihrer Hegelschen Form unbrauchbar. Bei Hegel ist die Dialektik die Selbstentwicklung des Begriffs. Der absolute Begriff ist nicht nur von Ewigkeit – unbekannt wo? – vorhanden, er ist auch die eigentliche lebendige Seele der ganzen bestehenden Welt. Er entwickelt sich zu sich selbst durch alle die Vorstufen, die in der „Logik" des breiteren abgehandelt und die alle in ihm eingeschlossen sind; dann „entäußert" er sich, indem er sich in die Natur verwandelt, wo er ohne Bewußtsein seiner selbst, verkleidet als Naturnotwendigkeit eine neue Entwicklung durchmacht und zuletzt im Menschen wieder zum Selbstbewußtsein kommt; dies Selbstbewußtsein arbeitet sich nun in der Geschichte wieder aus dem Rohen heraus, bis endlich der absolute Begriff wieder vollständig zu sich selbst kommt in der Hegelschen Philosophie. Bei Hegel ist also die in der Natur und Geschichte zutage tretende dialektische Entwicklung, d.h. der ursächliche Zusammenhang des, durch alle Zickzackbewegungen und momentanen Rückschritte hindurch, sich durchsetzenden Fortschreitens vom Niedern zum Höhern, nur der Abklatsch der von Ewigkeit her, man weiß nicht wo, aber jedenfalls unabhängig von jedem denkenden Menschenhirn vor sich gehenden

como ele próprio se apresenta a quem quer que se aproxime dele sem ideias fixas idealisticamente preconcebidas; decidiu-se sacrificar impiedosamente toda a ideia fixa idealista que não pudesse ser posta em consonância com os fatos apreendidos em seu próprio nexo, e não um nexo fantástico qualquer. Para além disso, o materialismo não significa absolutamente nada. Só que aqui, pela primeira vez, a visão de mundo materialista foi realmente levada a sério, de tal modo que foi consequentemente conduzida em todas as áreas relevantes do saber — pelo menos em seus traços fundamentais.

Hegel não foi simplesmente deixado de lado; pelo contrário, vinculou-se ao seu lado revolucionário acima desenvolvido, ao método dialético. Porém, esse método, na sua forma hegeliana, era inutilizável. Para Hegel, a dialética é o autodesenvolvimento do conceito. O conceito absoluto não existe apenas desde a eternidade — não se sabe onde tal eternidade se localiza? —, ele é também a autêntica e viva alma de todo mundo existente. Ele desenvolve-se para si mesmo por meio de todos os estágios preliminares, amplamente tratados na *Lógica* e que estão todos contidos nele; depois, ele se "externa alienadamente", convertendo-se em natureza, onde, sem consciência de si próprio, disfarçado de necessidade natural, sofre um novo desenvolvimento e, por fim, explicita-se novamente, no homem, na consciência-de-si; essa consciência-de-si elabora a si mesma novamente na história a partir do estado bruto, até finalmente o conceito absoluto novamente voltar completamente a si próprio na filosofia de Hegel. Para Hegel, o desenvolvimento dialético que se explicita na natureza e na história — isto é, a conexão causal do ato de progressão do elemento inferior para o superior que se impõe através de todos os movimentos em zigue-zague e retrocessos momentâneos — é, portanto, apenas a imitação do automovimento do conceito que se processa desde a eternidade, não se sabe onde, mas, em todo caso, independentemente de qualquer cérebro humano pensante. Tratava-se

Selbstbewegung des Begriffs. Diese ideologische Verkehrung galt es zu beseitigen. Wir faßten die Begriffe unsres Kopfs wieder materialistisch als die Abbilder der wirklichen Dinge, statt die wirklichen Dinge als Abbilder dieser oder jener Stufe des absoluten Begriffs. Damit reduzierte sich die Dialektik auf die Wissenschaft von den allgemeinen Gesetzen der Bewegung, sowohl der äußern Welt wie des menschlichen Denkens — zwei Reihen von Gesetzen, die der Sache nach identisch, dem Ausdruck nach aber insofern verschieden sind, als der menschliche Kopf sie mit Bewußtsein anwenden kann, während sie in der Natur und bis jetzt auch großenteils in der Menschengeschichte sich in unbewußter Weise, in der Form der äußern Notwendigkeit, inmitten einer endlosen Reihe scheinbarer Zufälligkeiten durchsetzen. Damit aber wurde die Begriffsdialektik selbst nur der bewußte Reflex der dialektischen Bewegung der wirklichen Welt, und damit wurde die Hegelsche Dialektik auf den Kopf, oder vielmehr vom Kopf, auf dem sie stand, wieder auf die Füße gestellt. Und diese materialistische Dialektik, die seit Jahren unser bestes Arbeitsmittel und unsere schärfste Waffe war, wurde merkwürdigerweise nicht nur von uns, sondern außerdem noch, unabhängig von uns und selbst von Hegel, wieder entdeckt von einem deutschen Arbeiter, Josef Dietzgen.

Hiermit war aber die revolutionäre Seite der Hegelschen Philosophie wieder aufgenommen und gleichzeitig von den idealistischen Verbrämungen befreit, die bei Hegel ihre konsequente Durchführung verhindert hatten. Der große Grundgedanke, daß die Welt nicht als ein Komplex von fertigen Dingen zu fassen ist, sondern als ein Komplex von *Prozessen*, worin die scheinbar stabilen Dinge nicht minder wie ihre Gedankenabbilder in unserm Kopf, die Begriffe, eine ununterbrochene Veränderung des Werdens und Vergehens durchmachen, in der bei aller scheinbaren Zufälligkeit und trotz aller momentanen Rückläufigkeit schließlich eine fortschreitende Entwicklung sich durchsetzt — dieser große Grundgedanke ist, namentlich

de eliminar essa distorção ideológica. Voltamos a apreender materialistamente os conceitos da nossa cabeça como imagens derivadas de coisas efetivas, em vez de apreender as coisas efetivas como imagens derivadas deste ou daquele estágio do conceito absoluto. Reduziu-se, com isso, a dialética à ciência das leis universais do movimento, tanto do mundo exterior como do pensar humano — duas séries de leis que, segundo o movimento da coisa em questão, são idênticas, mas que, na expressão, são diversas, na medida em que a cabeça humana as pode aplicar com consciência, enquanto que elas, na natureza e, até agora, em grande parte da história humana, impõem-se de modo inconsciente, na forma de necessidade exterior, em meio a uma série sem fim de contingências aparentes. Com isso, porém, a própria dialética do conceito tornava-se apenas reflexo consciente do movimento dialético do mundo efetivo, e assim a dialética de Hegel era posta acima da cabeça, ou, antes: da cabeça, sobre a qual estava, foi posta novamente sobre os pés. E esta dialética materialista, que era há anos o nosso melhor meio de trabalho e a nossa arma mais afiada, foi, de modo notável, novamente descoberta, não apenas por nós, mas ainda, independentemente de nós e do próprio Hegel, por um trabalhador alemão, Josef Dietzgen.[27]

Deste modo, porém, o lado revolucionário da filosofia de Hegel foi novamente retomado e, ao mesmo tempo, libertado de suas dissimulações idealistas que, em Hegel, haviam impedido a sua efetivação consequente. O grande pensamento fundamental, segundo o qual não se deve apreender o mundo como um complexo de *coisas* prontas, mas como um complexo de *processos*, no qual as coisas, aparentemente estáveis, não passam de imagens derivadas do pensamento delas na nossa cabeça, os conceitos, que passam por uma ininterrupta transformação no devir e perecer, na qual, em toda a aparente contingência, e apesar de todo o retrocesso momentâneo, impõe-se no fim um desenvolvimento progressivo — este grande pensamento fun-

seit Hegel, so sehr in das gewöhnliche Bewußtsein übergegangen, daß er in dieser Allgemeinheit wohl kaum noch Widerspruch findet. Aber ihn in der Phrase anerkennen und ihn in der Wirklichkeit im einzelnen auf jedem zur Untersuchung kommenden Gebiet durchführen, ist zweierlei. Geht man aber bei der Untersuchung stets von diesem Gesichtspunkt aus, so hört die Forderung endgültiger Lösungen und ewiger Wahrheiten ein für allemal auf; man ist sich der notwendigen Beschränktheit aller gewonnenen Erkenntnis stets bewußt, ihrer Bedingtheit durch die Umstände, unter denen sie gewonnen wurde; aber man läßt sich auch nicht mehr imponieren durch die der noch stets landläufigen alten Metaphysik unüberwindlichen Gegensätze von Wahr und Falsch, Gut und Schlecht, Identisch und Verschieden, Notwendig und Zufällig; man weiß, daß diese Gegensätze nur relative Gültigkeit haben, daß das jetzt für wahr Erkannte seine verborgene, später hervortretende falsche Seite ebensogut hat wie das jetzt als falsch Erkannte seine wahre Seite, kraft deren es früher für wahr gelten konnte; daß das behauptete Notwendige sich aus lauter Zufälligkeiten zusammensetzt und das angeblich Zufällige die Form ist, hinter der die Notwendigkeit sich birgt — und so weiter.

Die alte Untersuchungs- und Denkmethode, die Hegel die „metaphysische" nennt, die sich vorzugsweise mit Untersuchung der Dinge als gegebener fester Bestände beschäftigte und deren Reste noch stark in den Köpfen spuken, hatte ihrerzeit eine große geschichtliche Berechtigung. Die Dinge mußten erst untersucht werden, ehe die Prozesse untersucht werden konnten. Man mußte erst wissen, was ein beliebiges Ding war, ehe man die an ihm vorgehenden Veränderungen wahrnehmen konnte. Und so war es in der Naturwissenschaft. Die alte Metaphysik, die die Dinge als fertige hinnahm, entstand aus einer Naturwissenschaft, die die toten und lebendigen Dinge

damental, expressamente desde Hegel, transformou-se na consciência habitual que já quase não encontra contradição nessa universalidade. Mas, reconhecê-lo na fraseologia e executá-lo na realidade efetiva, nos pormenores, em todo o domínio que venha a ser investigado, são duas coisas diversas. Mas se na investigação partimos sempre desse ponto de vista, a exigência de soluções definitivas e de verdades eternas se encerra de uma vez por todas; sempre estamos conscientes da necessária limitação de todo o conhecimento adquirido, do seu condicionamento pelas circunstâncias em que foi adquirido; mas também não nos deixemos mais impressionar pelas insuperáveis oposições da velha metafísica, ainda sempre em voga, entre verdadeiro e falso, bom e mau, idêntico e diverso, necessário e contingente; sabe-se que essas oposições só têm validade relativa, que aquilo que agora é considerado como verdadeiro tem igualmente o seu lado falso, oculto, que aparecerá mais tarde, assim como aquilo que agora é tomado como falso tem o seu lado verdadeiro, devido ao fato de que, anteriormente, pode ter sido tomado como verdadeiro; que o elemento afirmado como necessário é composto de elementos evidentemente contingentes, e que o elemento pretensamente contingente é a forma atrás da qual a necessidade se esconde, e assim por diante.

O velho método de investigação e pensamento que Hegel denomina "metafísico", que se ocupava preferencialmente com a investigação das *coisas* como elementos duradores, consistentes e dados, cujos restos ainda assombram fortemente as nossas cabeças, teve, no seu tempo, uma grande justificação histórica. As coisas tinham de ser investigadas primeiro, antes que os processos pudessem ser investigados. Era necessário primeiro saber o que uma coisa qualquer era, antes que fosse possível perceber as transformações que se processavam nela. E assim era na ciência da natureza. A velha metafísica, que tomava as coisas como prontas, surgiu a partir de uma ciência da natureza que investigava as coisas mortas e vivas como coisas prontas.

als fertige untersuchte. Als aber diese Untersuchung so weit gediehen war, daß der entscheidende Fortschritt möglich wurde, der Übergang zur systematischen Untersuchung der mit diesen Dingen in der Natur selbst vorgehenden Veränderungen, da schlug auch auf philosophischem Gebiet die Sterbestunde der alten Metaphysik. Und in der Tat, wenn die Naturwissenschaft bis Ende des letzten Jahrhunderts vorwiegend *sammelnde* Wissenschaft, Wissenschaft von fertigen Dingen war, so ist sie in unserm Jahrhundert wesentlich *ordnende* Wissenschaft, Wissenschaft von den Vorgängen, vom Ursprung und der Entwicklung dieser Dinge und vom Zusammenhang, der diese Naturvorgänge zu einem großen Ganzen verknüpft. Die Physiologie, die die Vorgänge im pflanzlichen und tierischen Organismus untersucht, die Embryologie, die die Entwicklung des einzelnen Organismus vom Keim bis zur Reife behandelt, die Geologie, die die allmähliche Bildung der Erdoberfläche verfolgt, sie alle sind Kinder unseres Jahrhunderts.

Vor allem sind es aber drei große Entdeckungen, die unsere Kenntnis vom Zusammenhang der Naturprozesse mit Riesenschritten vorangetrieben haben: Erstens die Entdeckung der Zelle als der Einheit, aus deren Vervielfältigung |und Differenzierung| der ganze pflanzliche und tierische Körper sich entwickelt, so daß nicht nur die Entwicklung und das Wachstum aller höheren Organismen als nach einem einzigen allgemeinen Gesetz vor sich gehend erkannt, |sondern auch in der Veränderungsfähigkeit der Zelle der Weg gezeigt ist, auf dem Organismen ihre Art verändern und damit eine mehr als individuelle Entwicklung durchmachen können. — Zweitens| die Verwandlung der Energie, die uns alle zunächst in der anorganischen Natur wirksamen sogenannten Kräfte, die mechanische Kraft und ihre Ergänzung, die sogenannte potentielle Energie, Wärme, Strahlung (Licht, resp. strahlende Wärme), Elektrizität, Magnetismus, chemische Energie, als verschiedene Erscheinungsformen der universellen Bewegung nachgewiesen hat,

Porém, quando essa investigação se estendeu a tal ponto que tornou possível um progresso decisivo, a transição para a investigação sistemática das transformações que se processam com essas coisas na própria natureza, nesse momento, também dobram no âmbito filosófico os sinos da morte da velha metafísica. E, de fato, se a ciência da natureza até no final do século passado foi, predominantemente, uma ciência *coletora*, uma ciência das coisas prontas, no nosso século, ela é essencialmente um ciência *ordenadora*, uma ciência dos processos, da origem e do desenvolvimento dessas coisas e da conexão que vincula esses processos naturais em um grande todo. A fisiologia, que investiga os processos no organismo vegetal e animal, a embriologia, que trata do desenvolvimento do organismo singular do embrião até a maturidade, a geologia, que persegue a formação gradual da superfície terrestre, todas elas são filhas do nosso século.

Sobretudo há, porém, três grandes descobertas que fizeram o nosso conhecimento da conexão dos processos naturais avançar passos gigantescos: em primeiro lugar, a descoberta da célula como unidade em multiplicação | e diferenciação | a partir da qual todo corpo vegetal e animal se desenvolve, de tal modo que não apenas o desenvolvimento e o crescimento de todos os organismos superiores são reconhecidos como algo que se processa segundo uma única lei universal, | mas também na capacidade de transformação da célula está mostrado o caminho pelo qual os organismos podem mudar a sua espécie e, assim, percorrer um desenvolvimento mais do que individual. Em segundo lugar, | a transformação da energia que nos comprovou todas as chamadas forças que atuam, antes de tudo, na natureza inorgânica, a força mecânica e o seu complemento, a chamada energia potencial, calor, radiação (luz, ou calor radiante), eletricidade, magnetismo, energia química — como diversas formas de aparição do movimento universal que em

die in bestimmten Maßverhältnissen die eine in die andere übergehn, so daß für die Menge der einen, die verschwindet, eine bestimmte Menge einer andern wiedererscheint und so daß die ganze Bewegung der Natur sich auf diesen unaufhörlichen Prozeß der Verwandlung aus einer Form in die andre reduziert. — Endlich der zuerst von Darwin im Zusammenhang entwickelte Nachweis, daß der heute uns umgebende Bestand organischer Naturprodukte, die Menschen eingeschlossen, das Erzeugnis eines langen Entwicklungsprozesses aus wenigen ursprünglich einzelligen Keimen ist und diese wieder aus, auf chemischem Weg entstandenem, Protoplasma oder Eiweiß hervorgegangen sind.

Dank diesen drei großen Entdeckungen und den übrigen gewaltigen Fortschritten der Naturwissenschaft sind wir jetzt so weit, den Zusammenhang zwischen den Vorgängen in der Natur nicht nur auf den einzelnen Gebieten, sondern auch den der einzelnen Gebiete unter sich im ganzen und großen nachweisen und so ein übersichtliches Bild des Naturzusammenhangs in annähernd systematischer Form, vermittelst der durch die empirische Naturwissenschaft selbst gelieferten Tatsachen darstellen zu können. Dies Gesamtbild zu liefern, war früher die Aufgabe der sogenannten Naturphilosophie. Sie konnte dies nur, indem sie die noch unbekannten wirklichen Zusammenhänge durch ideelle, phantastische ersetzte, die fehlenden Tatsachen durch Gedankenbilder ergänzte, die wirklichen Lücken in der bloßen Einbildung ausfüllte. Sie hat bei diesem Verfahren manche geniale Gedanken gehabt, manche spätern Entdeckungen vorausgeahnt, aber auch beträchtlichen Unsinn zutage gefördert, wie das nicht anders möglich war. Heute, wo man die Resultate der Naturforschung nur dialektisch, d.h. im Sinn ihres eignen Zusammenhangs aufzufassen braucht, um zu einem für unsere Zeit genügenden „System der Natur" zu kommen, wo der dialektische Charakter dieses Zusammenhangs sich sogar den metaphysisch geschulten Köpfen der Naturfor-

determinadas proporções transitam de uma para outra, de tal modo que, para a quantidade de uma que desaparece volta a aparecer uma determinada quantidade de outra, reduzindo assim todo o movimento da natureza a esse incessante processo de transformação de uma forma em outra. Por fim, a prova desenvolvida por Darwin, pela primeira vez nesse contexto, de que o elemento duradouro dos produtos orgânicos da natureza que hoje nos rodeia, incluindo os homens, é o produto de um longo processo de desenvolvimento a partir de alguns embriões originalmente unicelulares, por sua vez provenientes, por meio químico, do protoplasma ou da albumina.

Graças a estas três grandes descobertas e aos restantes poderosos progressos da ciência da natureza, chegamos agora ao ponto de poder demonstrar a conexão entre os processos no interior da natureza, não apenas nos domínios isolados, mas também dos domínios isolados entre si e, assim, poder apresentar uma imagem nítida da conexão da natureza, em uma forma aproximadamente sistemática, por meio dos fatos fornecidos pela própria ciência empírica da natureza. Fornecer esta imagem do todo era, anteriormente, a tarefa da chamada filosofia da natureza. Ela somente era capaz disso na medida em que substituía as conexões efetivas ainda desconhecidas por conexões ideais, fantásticas, que completavam os fatos com imagens do pensamento, que preenchiam lacunas efetivas na pura imaginação. Como não era possível ser diferente, ao proceder assim, alcançou muitos pensamentos geniais, anteviu muitas descobertas ulteriores, mas também trouxe à luz consideráveis absurdos. Hoje, onde apenas é preciso apreender dialeticamente — isto é, no sentido da sua conexão própria — os resultados da investigação da natureza para chegar a um "sistema da natureza" suficiente para o nosso tempo, onde o caráter dialético dessa conexão se impõe às cabeças metafisicamente formadas dos naturalistas, mesmo contra a sua vontade,

scher gegen ihren Willen aufzwingt, heute ist die Naturphilosophie endgültig beseitigt. Jeder Versuch ihrer Wiederbelebung wäre nicht nur überflüssig, *er wäre ein Rückschritt.*

Was aber von der Natur gilt, die hiermit auch als ein geschichtlicher Entwicklungsprozeß erkannt ist, das gilt auch von der Geschichte der Gesellschaft in allen ihren Zweigen und von der Gesamtheit aller der Wissenschaften, die sich mit menschlichen (und göttlichen) Dingen beschäftigen. Auch hier hat die Philosophie der Geschichte, des Rechts, der Religion usw. darin bestanden, daß an die Stelle des in den Ereignissen nachzuweisenden wirklichen Zusammenhangs ein im Kopf des Philosophen gemachter gesetzt wurde, daß die Geschichte im ganzen wie in ihren einzelnen Teilstücken gefaßt wurde als die allmähliche Verwirklichung von Ideen, und zwar natürlich immer nur der Lieblingsideen des Philosophen selbst. Die Geschichte arbeitete hiernach unbewußt, aber mit Notwendigkeit, auf ein gewisses, von vornherein feststehendes ideelles Ziel los, wie z.B. bei Hegel auf die Verwirklichung seiner absoluten Idee, und die unverrückbare Richtung auf diese absolute Idee bildete den Innern Zusammenhang in den geschichtlichen Ereignissen. An die Stelle des wirklichen, noch unbekannten Zusammenhangs setzte man somit eine neue — unbewußte oder allmählich zum Bewußtsein kommende — mysteriöse Vorsehung. Hier galt es also, ganz wie auf dem Gebiet der Natur, diese gemachten künstlichen Zusammenhänge zu beseitigen durch die Auffindung der wirklichen; eine Aufgabe, die schließlich darauf hinausläuft, die allgemeinen Bewegungsgesetze zu entdecken, die sich in der Geschichte der menschlichen Gesellschaft als herrschende durchsetzen.

Nun aber erweist sich die Entwicklungsgeschichte der Gesellschaft in einem Punkt als wesentlich verschiedenartig von der der Natur. In der Natur sind es — soweit wir die Rückwirkung der Menschen auf die Natur außer acht lassen — lauter bewußtlose blinde Agenzien, die aufeinander einwirken und in

hoje, a filosofia da natureza está definitivamente posta de lado. Qualquer tentativa de ressuscitá-la não seria apenas supérflua, *seria um retrocesso*.

Porém, o que vale para a natureza, que também é reconhecido por meio disso como um processo de desenvolvimento histórico, vale também para a história da sociedade em todos os seus ramos e para a totalidade de todas as ciências que se ocupam de coisas humanas (e divinas). Também aqui a filosofia da história, do direito, da religião etc. consistia em substituir a conexão efetiva a ser demonstrada nos acontecimentos singulares por uma conexão feita na cabeça do filósofo, de tal modo que a história fosse apreendida como a efetivação gradual de ideias, tanto no todo como em suas partes singulares — e, naturalmente, sempre apenas das ideias prediletas do próprio filósofo. De acordo com isso, a história trabalhava aqui inconscientemente, mas com necessidade de iniciar por uma finalidade ideal, estabelecida de antemão, como por exemplo, em Hegel, pela efetivação da sua ideia absoluta, e a orientação inalterável por essa ideia absoluta formava a conexão interna no interior dos acontecimentos históricos singulares. No lugar da conexão efetiva, ainda desconhecida, estabelecia-se constitutivamente, assim, uma nova providência misteriosa — inconsciente ou que alcançava gradualmente consciência. Aqui, justamente como no âmbito da natureza, o que valia, portanto, era eliminar as conexões feitas artificialmente pela adivinhação das efetivas; uma tarefa que definitivamente acaba por descobrir as leis universais do movimento que se impõem como dominantes na história da sociedade humana.

Agora, porém, a história do desenvolvimento da sociedade mostra-se em um ponto essencialmente diverso da história do desenvolvimento da natureza. Na natureza — desde que deixemos de fora a consideração da repercussão da ação do homem sobre a natureza — há somente agenciamentos cegos, desprovidos de consciência, que geram efeitos uns sobre os outros e em

deren Wechselspiel das allgemeine Gesetz zur Geltung kommt. Von allem, was geschieht — weder von den zahllosen scheinbaren Zufälligkeiten, die auf der Oberfläche sichtbar werden, noch von den schließlichen, die Gesetzmäßigkeit innerhalb dieser Zufälligkeiten bewährenden Resultaten —, geschieht nichts als gewollter bewußter Zweck. Dagegen in der Geschichte der Gesellschaft sind die Handelnden lauter mit Bewußtsein begabte, mit Überlegung oder Leidenschaft handelnde, auf bestimmte Zwecke hinarbeitende Menschen; nichts geschieht ohne bewußte Absicht, ohne gewolltes Ziel. Aber dieser Unterschied, so wichtig er für die geschichtliche Untersuchung namentlich einzelner Epochen und Begebenheiten ist, kann nichts ändern an der Tatsache, daß der Lauf der Geschichte durch innere allgemeine Gesetze beherrscht wird. Denn auch hier herrscht auf der Oberfläche, trotz der bewußt gewollten Ziele aller einzelnen, im ganzen und großen scheinbar der Zufall. Nur selten geschieht das Gewollte, in den | meisten Fällen durchkreuzen und widerstreiten sich die vielen gewollten Zwecke oder sind diese Zwecke selbst von vornherein undurchführbar oder die Mittel unzureichend. So führen die Zusammenstöße der zahllosen Einzelwillen und Einzelhandlungen auf geschichtlichem Gebiet einen Zustand herbei, der ganz dem in der bewußtlosen Natur herrschenden analog ist. Die Zwecke der Handlungen sind gewollt, aber die Resultate, die wirklich aus den Handlungen folgen, sind nicht gewollt, oder soweit sie dem gewollten Zweck zunächst doch zu entsprechen scheinen, haben sie schließlich ganz andre als die gewollten Folgen. Die geschichtlichen Ereignisse erscheinen so im ganzen und großen ebenfalls als von der Zufälligkeit beherrscht. Wo aber auf der Oberfläche der Zufall sein Spiel treibt, da wird er stets durch innre verborgne Gesetze beherrscht, und es kommt nur darauf an, diese Gesetze zu entdecken.

cuja interação recíproca a lei universal torna-se válida. De tudo o que acontece — tanto das inúmeras contingências aparentes, que se tronam visíveis na superfície, como dos resultados que confirmam a regularidade no interior dessas contingências —, nada acontece enquanto uma finalidade consciente fruto da vontade. Em contrapartida, na história da sociedade, os agentes estão nitidamente dotados de consciência, são homens que se propõem a agir com reflexão ou paixão, em determinadas finalidades; nada acontece sem propósito consciente, sem uma finalidade que seja fruto da vontade. Mas essa diferença, por mais importante que seja para a investigação histórica, especialmente de épocas e eventos, não altera em nada o fato de que o curso da história é regido por leis internas universais. Afinal, também aqui, apesar das finalidades que são frutos conscientes da vontade de todos os indivíduos singulares, aparentemente rege sobre superfície, em geral, a contingência. Apenas raramente acontece o elemento que é fruto da vontade; na maioria dos casos, as múltiplas finalidades que são frutos da vontade entrecruzam-se e se contradizem, ou essas mesmas finalidades são, a princípio, irrealizáveis ou os meios são insuficientes. Assim, as colisões das inúmeras vontades singulares e ações singulares no âmbito histórico proporcionam um estado que é totalmente análogo ao que domina na natureza desprovida de consciência. As finalidades das ações são frutos da vontade, mas os resultados que efetivamente decorrem das ações não são frutos da vontade, ou na medida em que, antes de tudo, parecem no entanto corresponder à finalidade que é fruto da vontade, têm no fim consequências totalmente diversas das pretendidas. Os acontecimentos históricos singulares aparecem, no geral, como se fossem em todo caso dominados pela contingência. Mas onde a contingência joga seu jogo sobre a superfície, ela é sempre dominada por leis internas ocultas e a questão é apenas descobrir essas leis.

Die Menschen machen ihre Geschichte, wie diese auch immer ausfalle, indem jeder seine eignen, bewußt gewollten Zwecke verfolgt, und die Resultante dieser vielen in verschiedenen Richtungen agierenden Willen und ihrer mannigfachen Einwirkung auf die Außenwelt ist eben die Geschichte. Es kommt also auch darauf an, was die vielen einzelnen wollen. Der Wille wird bestimmt durch Leidenschaft oder Überlegung. Aber die Hebel, die wieder die Leidenschaft oder die Überlegung unmittelbar bestimmen, sind sehr verschiedener Art. Teils können es äußere Gegenstände sein, teils ideelle Beweggründe, Ehrgeiz, „Begeisterung für Wahrheit und Recht", persönlicher Haß oder auch rein individuelle Schrullen aller Art. Aber einerseits haben wir gesehn, daß die in der Geschichte tätigen vielen Einzelwillen meist ganz andre als die gewollten — oft geradezu die entgegengesetzten — Resultate hervorbringen, ihre Beweggründe also ebenfalls für das Gesamtergebnis nur von untergeordneter Bedeutung sind. Andrerseits fragt es sich weiter, welche treibenden Kräfte wieder hinter diesen Beweggründen stehn, welche geschichtlichen Ursachen es sind, die sich in den Köpfen der Handelnden zu solchen Beweggründen umformen?

Diese Frage hat sich der alte Materialismus nie vorgelegt. Seine Geschichtsauffassung, soweit er überhaupt eine hat, ist daher auch wesentlich pragmatisch, beurteilt alles nach den Motiven der Handlung, teilt die geschichtlich handelnden Menschen in edle und unedle und findet dann in der Regel, daß die edlen die Geprellten und die unedlen die Sieger sind, woraus dann folgt für den alten Materialismus, daß beim Geschichtsstudium nicht viel Erbauliches herauskommt, und für uns, daß auf dem geschichtlichen Gebiet der alte Materialismus sich selbst untreu wird, weil er die dort wirksamen ideellen Triebkräfte als letzte Ursachen hinnimmt, statt zu unter- suchen, was denn hinter ihnen steht, was die Triebkräfte dieser Triebkräfte sind. Nicht darin liegt die Inkonsequenz, daß *ideelle* Triebkräfte an-

Os homens fazem a sua história, aconteça ela como acontecer, na medida em que cada um persegue conscientemente as finalidades que eles mesmos querem, e a resultante destas várias vontades que atuam em direções diversas e da sua influência múltipla sobre o mundo exterior é justamente a história. Depende, portanto, do que os muitos indivíduos querem. A vontade é determinada por paixão ou reflexão. Mas as alavancas que, por sua vez, determinam imediatamente a paixão ou reflexão, são de tipos muito diversos. Em parte podem ser finalidades exteriores, em parte *fundamentos ideais do movimento*, ambição, "entusiasmo pela verdade e pela justiça", ódio pessoal, ou também caprichos puramente individuais de toda a espécie. Mas, por outro lado, vimos que as várias vontades individuais ativas na história, na maioria dos casos, produzem resultados totalmente diferentes dos pretendidos — *muitas vezes contrapostos* — e que, portanto, para o resultado do todo, seus fundamentos de movimento têm um significado subordinado. Por outro lado, é possível questionar ainda mais: quais forças impulsionadoras estão novamente por detrás destes fundamentos do movimento, que causas históricas transformam, na cabeça dos agentes, esses fundamentos de movimento?

O velho materialismo nunca se colocou essa questão. Sua concepção da história, se é que ele tem uma, é, portanto, também essencialmente pragmática, adjudica tudo segundo os motivos da ação, divide os homens que agem historicamente em nobres e não nobres e então descobre, em regra, que os nobres são os enganados e os não nobres os vencedores; disso resulta para o velho materialismo que do estudo da história nada de muito edificante se explicita e, para nós, no âmbito da história, o velho materialismo se tornou infiel a si próprio, pois toma as forças motrizes ideais aí atuantes como causas últimas, em vez de investigar aquilo que está por detrás delas, quais são as forças motrizes dessas forças motrizes. Não é nisso que se estabelece a inconsequência, de reconhecer forças motrizes *ideais*, mas no

erkannt werden, sondern darin, daß von diesen nicht weiter zurückgegangen wird auf ihre bewegenden Ursachen. Die Geschichtsphilosophie dagegen, wie sie namentlich durch Hegel vertreten wird, erkennt an, daß die ostensiblen und auch die wirklich tätigen Beweggründe der geschichtlich handelnden Menschen keineswegs die letzten Ursachen der geschichtlichen Ereignisse sind, daß hinter diesen Beweggründen andere bewegende Mächte stehn, die es zu erforschen gilt; aber sie sucht diese Mächte nicht in der Geschichte selbst auf, sie importiert sie vielmehr von außen, aus der philosophischen Ideologie, in die Geschichte hinein. Statt die Geschichte des alten Griechenlands aus ihrem eignen, innern Zusammenhang zu erklären, behauptet Hegel z.B. einfach, sie sei weiter nichts als die Herausarbeitung der „Gestaltungen der schönen Individualität", die Realisation des „Kunstwerks" als solches. Er sagt viel Schönes und Tiefes bei dieser Gelegenheit über die alten Griechen, aber das hindert nicht, daß wir uns heute nicht mehr abspeisen lassen mit einer solchen Erklärung, die eine bloße Redensart ist.

Wenn es also darauf ankommt, die treibenden Mächte zu erforschen, die — bewußt oder unbewußt, und zwar sehr häufig unbewußt — hinter den Beweggründen der geschichtlich handelnden Menschen stehn und die eigentlichen letzten Triebkräfte der Geschichte ausmachen, so kann es sich nicht so sehr um die Beweggründe bei einzelnen, wenn auch noch so hervorragenden Menschen handeln, als um diejenigen, welche große Massen, ganze Völker und in jedem Volk wieder ganze Volksklassen in Bewegung setzen; und auch dies nicht momentan zu einem vorübergehenden Aufschnellen und rasch verlodernden Strohfeuer, sondern zu dauernder, in einer großen geschichtlichen Veränderung auslaufender Aktion. Die treibenden Ursachen zu ergründen, die sich hier in den Köpfen der handelnden Massen und ihrer Führer — der sogenannten großen Männer —

fato de que a partir dessas não se investigue mais a fundo as causas de seu movimento. A filosofia da história, em contrapartida, justamente como é defendida por Hegel, reconhece que os fundamentos ostensivos, e também os efetivamente ativos do movimento dos homens que agem historicamente, não são, de modo algum, as causas últimas dos acontecimentos históricos; reconhece que por detrás desses fundamentos do movimento encontram-se outras potências móveis, que é preciso investigar; mas ela não procura essas potências na própria história. Pelo contrário, importa-as de fora, da ideologia filosófica para o interior da história. Em vez de explicar a história da Grécia Antiga a partir da sua conexão própria, interna, Hegel afirma, por exemplo, simplesmente que ela não mais é do que a elaboração das "cofigurações da bela individualidade", a realização da "obra de arte" enquanto tal. Quando convém, ele diz algo de muito belo e profundo sobre a Grécia Antiga, mas isso não impede que nós hoje já não nos contentemos com tal explicação, que não passa de uma mera expressão idiomática.

Quando se trata, portanto, de investigar as potências impulsionadoras — conscientes ou inconscientes e, de fato, frequentemente inconscientes — que estão por detrás dos fundamentos dos movimentos dos homens que agem historicamente, potências estas que constituem propriamente as forças motrizes últimas da história, não se pode levar em conta apenas os fundamentos de movimento dos indivíduos, mesmo considerando aqueles que agem de modo eminente e põem em movimento grandes massas, povos inteiros e, em cada povo, por sua vez, classes inteiras. Tampouco se pode considerar apenas as ações que se dão por uma explosão momentânea passageira, fogo de palha que queima rapidamente, mas a ação duradoura que se alastra em uma grande transformação histórica. O único caminho que nos pode colocar no rastro das leis que dominam a história, tanto em geral como em períodos e regiões singulares, é averiguar, como fundamentos conscientes de movimento, as

als bewußte Beweggründe klar oder unklar, unmittelbar oder in ideologischer, selbst in verhimmelter Form widerspiegeln — das ist der einzige Weg, der uns auf die Spur der die Geschichte im ganzen und großen wie in den einzelnen Perioden und Ländern beherrschenden Gesetze führen kann. Alles, was die Menschen in Bewegung setzt, muß durch ihren Kopf hindurch; aber welche Gestalt es in diesem Kopf annimmt, hängt sehr von den Umständen ab. Die Arbeiter haben sich keineswegs mit dem kapitalistischen Maschinenbetrieb versöhnt, seitdem sie die Maschinen nicht mehr, wie noch 1848 am Rhein, einfach in Stücke schlagen.

Während aber in allen früheren Perioden die Erforschung dieser treibenden Ursachen der Geschichte fast unmöglich war — wegen der verwickelten und verdeckten Zusammenhänge mit ihren Wirkungen —, hat unsre gegenwärtige Periode diese Zusammenhänge so weit vereinfacht, daß das Rätsel gelöst werden konnte. Seit der Durchführung der großen Industrie, also mindestens seit dem europäischen Frieden von 1815, war es keinem Menschen in England ein Geheimnis mehr, daß dort der ganze politische Kampf sich drehte um die Herrschaftsansprüche zweier Klassen, der grundbesitzenden Aristokratie (landed aristocracy) und der Bourgeoisie (middle class). In Frankreich kam mit der Rückkehr der Bourbonen dieselbe Tatsache zum Bewußtsein; die Geschichtsschreiber der Restaurationszeit von Thierry bis Guizot, Mignet und Thiers sprechen sie überall aus als den Schlüssel zum Verständnis der französischen Geschichte seit dem Mittelalter. Und seit 1830 wurde als dritter Kämpfer um die Herrschaft in beiden Ländern die Arbeiterklasse, das Proletariat, anerkannt. Die Verhältnisse hatten sich so vereinfacht, daß man die Augen absichtlich verschließen mußte, um nicht im Kampf dieser drei großen Klassen und im Widerstreit ihrer Interessen die treibende Kraft der modernen Geschichte zu sehn — wenigstens in den beiden fortgeschrittensten Ländern.

causas motrizes que aqui se refletem clara ou obscuramente, imediatamente ou na forma ideológica, por vezes sacralizada na cabeça das massas e de seus condutores, os chamados grandes homens. Tudo o que põe os homens em movimento tem de passar por sua cabeça; mas que configuração toma nessa cabeça, depende muito das circunstâncias. Os trabalhadores, sob nenhuma circunstância, reconciliaram-se com o maquinário fabril capitalista, mesmo que não mais o tenham simplesmente quebrado em pedaços, como ainda em 1848 no Reno.[28]

Porém, enquanto em todos os períodos anteriores era quase impossível a investigação destas causas impulsionadoras da história — devido às complicadas e encobertas conexões com os seus efeitos — o nosso período atual simplificou tanto essas conexões que foi possível resolver o enigma. Desde a efetivação da grande indústria, portanto pelo menos desde a paz europeia de 1815, não era mais segredo para homem nenhum em Inglaterra que lá toda a luta política girava em torno das pretensões à dominação de duas classes: a aristocracia possuidora de terras (*landed aristocracy*) e a burguesia (*middle class*). Na França, a consciência do mesmo fato foi obtida com o regresso dos Bourbon; os historiadores da época da Restauração, de Thierry a Guizot, Mignet e Thiers, por toda a parte falam disso como a chave para a compreensão da história francesa desde a Idade Média. E, desde 1830, em ambos os países, a classe dos trabalhadores, o proletariado, foi reconhecida como a terceira força por essa dominação. As relações se simplificaram tanto que era preciso fechar os olhos propositalmente para não ver na luta dessas três grandes classes e, no conflito de seus interesses, a força impulsionadora da história moderna — pelo menos, nos dois países mais avançados.

Wie aber waren diese Klassen entstanden? Konnte man auf den ersten Blick dem großen, ehmals feudalen Grundbesitz noch einen Ursprung aus – wenigstens zunächst – politischen Ursachen, aus gewaltsamer Besitzergreifung zuschreiben, so ging das bei der Bourgeoisie und dem Proletariat nicht mehr an. Hier lag der Ursprung und die Entwicklung zweier großer Klassen aus rein ökonomischen Ursachen klar und handgreiflich zutage. Und ebenso klar war es, daß in dem Kampf zwischen Grundbesitz und Bourgeoisie, nicht minder als in dem zwischen Bourgeoisie und Proletariat, es sich in erster Linie um ökonomische Interessen handelte, zu deren Durchführung die politische Macht als bloßes Mittel dienen sollte. Bourgeoisie und Proletariat waren beide entstanden infolge einer Veränderung der ökonomischen Verhältnisse, genauer gesprochen der Produktionsweise. Der Übergang zuerst vom zünftigen Handwerk zur Manufaktur, dann von der Manufaktur zur großen Industrie mit Dampf- und Maschinenbetrieb, hatte diese beiden Klassen entwickelt. Auf einer gewissen Stufe wurden die von der Bourgeoisie in Bewegung gesetzten neuen Produktionskräfte – zunächst die Teilung der Arbeit und die Vereinigung vieler Teilarbeiter in einer Gesamtmanufaktur – und die durch sie entwickelten Austauschbedingungen und Austauschbedürfnisse unverträglich mit der bestehenden, geschichtlich überlieferten und durch Gesetz geheiligten Produktionsordnung, d.h. den zünftigen und den zahllosen andern persönlichen und lokalen Privilegien (die für die nichtprivilegierten Stände ebenso viele Fesseln waren) der feudalen Gesellschaftsverfassung. Die Produktionskräfte, vertreten durch die Bourgeoisie, rebellierten gegen die Produktionsordnung, vertreten durch die feudalen Grundbesitzer und die Zunftmeister; das Ergebnis ist bekannt, die feudalen Fesseln wurden zerschlagen, in England allmählich, in Frankreich mit einem Schlag, in Deutschland ist man noch nicht damit fertig. Wie aber die Manufaktur auf einer bestimmten Entwicklungsstufe in Konflikt kam mit der feudalen,

Como haviam, porém, surgido essas classes? Se à primeira vista ainda se podia atribuir à grande propriedade fundiária, antes feudal, uma origem — pelo menos a princípio — a partir de causas políticas, de uma apropriação violenta, isso não dizia respeito à burguesia e ao proletariado. A origem e desenvolvimento de duas grandes classes eram aqui claras e palpáveis a partir de causas puramente econômicas. E era igualmente claro que, na luta entre possuidores de terras e burguesia, não menos do que na luta entre burguesia e proletariado, o que estava em disputa, em primeiro lugar, eram interesses econômicos, para cuja efetivação o poder político devia servir de mero meio. Burguesia e proletariado haviam surgido ambos em decorrência de uma transformação das relações econômicas, ou, dito de modo mais exato, do modo de produção. A passagem, primeiro das corporações de ofício artesanais para a manufatura, e depois da manufatura para a grande indústria com o emprego do vapor e das máquinas, havia desenvolvido estas duas classes. Em certo estágio, as novas forças de produção postas em movimento pela burguesia — antes de tudo, a divisão do trabalho e a reunião de vários trabalhadores seccionais em uma manufatura conjunta — e as condições de troca e necessidades de troca por ela desenvolvidas tornaram-se incompatíveis com a ordem da produção existente, historicamente transmitida e consagrada pela lei, isto é, com os privilégios corporativos e incontáveis outros privilégios pessoais e locais (que, para os estamentos não privilegiados, eram igualmente muitos grilhões) da constituição da sociedade feudal. As forças de produção, representadas pela burguesia, rebelaram-se contra a ordem de produção representada pelos senhores de terras feudais e mestres-artesões; o resultado é conhecido: os grilhões feudais foram quebrados, de modo gradual na Inglaterra, com um só golpe na França; na Alemanha ainda não se acabou com eles. Mas, assim como a manufatura entrou em conflito com a ordem feudal de produção em um estágio determinado de seu desenvolvimento, também agora a

so ist jetzt schon die große Industrie in Konflikt geraten mit der an ihre Stelle gesetzten bürgerlichen Produktionsordnung. Gebunden durch diese Ordnung, durch die engen Schranken der kapitalistischen Produktionsweise, produziert sie einerseits eine sich immer steigernde Proletarisierung der gesamten großen Volksmasse, andrerseits eine immer größere Masse unabsetzbarer Produkte. Überproduktion und Massenelend, jedes die Ursache des andern, das ist der absurde Widerspruch, worin sie ausläuft und der eine Entfesselung der Produktivkräfte durch Änderung der Produktionsweise mit Notwendigkeit fordert.

In der modernen Geschichte wenigstens ist also bewiesen, daß alle politischen Kämpfe Klassenkämpfe, und alle Emanzipationskämpfe von Klassen, trotz ihrer notwendig politischen Form — denn jeder Klassenkampf ist ein politischer Kampf — sich schließlich um *ökonomische* Emanzipation drehen. Hier wenigstens ist also der Staat, die politische Ordnung, das Untergeordnete, die bürgerliche Gesellschaft, das Reich der ökonomischen Beziehungen, das entscheidende Element. Die althergebrachte Anschauung, der auch Hegel huldigt, sah im Staat das bestimmende, in der bürgerlichen Gesellschaft das durch ihn bestimmte Element. Der Schein entspricht dem. Wie beim einzelnen Menschen alle Triebkräfte seiner Handlungen durch seinen Kopf hindurchgehn, sich in Beweggründe seines Willens verwandeln müssen, um ihn zum Handeln zu bringen, so müssen auch alle Bedürfnisse der bürgerlichen Gesellschaft — gleichviel, welche Klasse grade herrscht — durch den Staatswillen hindurchgehn, um allgemeine Geltung in Form von Gesetzen zu erhalten. Das ist die formelle Seite der Sache, die sich von selbst versteht; es fragt sich nur, welchen Inhalt dieser nur formelle Wille — des einzelnen wie des Staats — hat, und woher dieser Inhalt kommt, warum gerade dies und nichts andres gewollt wird. Und wenn wir hiernach fragen, so finden wir, daß in der modernen Geschichte der Staatswille im ganzen und großen bestimmt wird durch die wechselnden Bedürfnis-

grande indústria entrou já em conflito com a ordem burguesa de produção posta no lugar daquela. Mantida por esta ordem, pelas estreitas barreiras do modo de produção capitalista, ela produz, por um lado, uma proletarização sempre crescente de toda a grande massa do povo, e, por outro lado, uma massa cada vez maior de produtos que não podem ser vendidos. Sobreprodução e miséria das massas, cada uma a causa da outra, é essa a contradição absurda na qual essa ordem desemboca e que demanda necessariamente retirar os grilhões das forças produtivas por meio da mudança do modo de produção.

Na história moderna, pelo menos, está assim demonstrado que todas as lutas políticas são lutas de classes, e que todas são lutas por emancipação das classes, apesar da sua forma necessariamente política — afinal, toda luta de classes é uma luta política —, e que giram, no fim, em torno da emancipação *econômica*. Pelo menos aqui, o Estado, a ordem política, é o elemento subordinado; a sociedade civil-burguesa, o reino das inter-relações econômicas, é o elemento decisivo. A visão tradicional, também acatada por Hegel, via no Estado o elemento determinante, na sociedade civil-burguesa o elemento por ele determinado. A aparência corresponde a isso. Assim como no homem singular todas as forças impulsionadoras das suas ações têm de passar pela cabeça dele, têm de se transformar em fundamentos do movimento da sua vontade para levá-lo a agir, também todas as necessidades da sociedade civil-burguesa — qualquer que seja a classe que no momento a domina — têm de passar pela vontade do Estado para obter validade universal na forma de leis. Esse é o lado formal da coisa, que se compreende por si; mas a questão é qual o conteúdo que esta vontade apenas formal — tanto do indivíduo singular como do Estado — tem, e de onde vem esse conteúdo, por que é precisamente este e não outro que é fruto da vontade. E se perguntarmos por isso, verificamos que, na história moderna, a vontade do Estado, em geral, é determinada pelas carências mutáveis da

se der bürgerlichen Gesellschaft, durch die Übermacht dieser oder jener Klasse, in letzter Instanz durch die Entwicklung der Produktivkräfte und der Austauschverhältnisse.

Wenn aber schon in unsrer modernen Zeit mit ihren riesigen Produktions- und Verkehrsmitteln der Staat nicht ein selbständiges Gebiet mit selbständiger Entwicklung ist, sondern sein Bestand wie seine Entwicklung in letzter Instanz zu erklären ist aus den ökonomischen Lebensbedingungen der Gesellschaft, so muß dies noch viel mehr gelten für alle früheren Zeiten, wo die Produktion des materiellen Lebens der Menschen noch nicht mit diesen reichen Hülfsmitteln betrieben wurde, wo also die Notwendigkeit dieser Produktion eine noch größere Herrschaft über die Menschen ausüben mußte. Ist der Staat noch heute, zur Zeit der großen Industrie und der Eisenbahnen, im ganzen und großen nur der Reflex, in zusammenfassender Form, der ökonomischen Bedürfnisse der die Produktion beherrschenden Klasse, so mußte er dies noch viel mehr sein zu einer Epoche, wo eine Menschengeneration einen weit größeren Teil ihrer Gesamtlebenszeit auf die Befriedigung ihrer materiellen Bedürfnisse verwenden mußte, also weit abhängiger von ihnen war, als wir heute sind. Die Untersuchung der Geschichte früherer Epochen, sobald sie ernstlich auf diese Seite eingeht, bestätigt dies im reichlichsten Maße; hier kann dies aber selbstredend nicht verhandelt werden.

Wird der Staat und das Staatsrecht durch die ökonomischen Verhältnisse bestimmt, so selbstverständlich auch das Privatrecht, das ja wesentlich nur die bestehenden, unter den gegebnen Umständen normalen ökonomischen Beziehungen zwischen den einzelnen sanktioniert. Die Form, in der dies geschieht, kann aber sehr verschieden sein. Man kann, wie in England im Einklang mit der ganzen nationalen Entwicklung geschah, die Formen des alten feudalen Rechts großenteils beibehalten und ihnen einen bürgerlichen Inhalt geben, ja, dem feudalen Namen direkt einen bürgerlichen Sinn unterschie-

sociedade civil-burguesa, pelo predomínio dessa ou daquela classe, e, em última instância, pelo desenvolvimento das forças produtivas e das relações de troca.

Mas, se já na nossa época moderna, com os seus gigantescos meios de produção e intercâmbio, o Estado não é um domínio autônomo com desenvolvimento autônomo — pelo contrário, tanto sua existência como o seu desenvolvimento precisam ser esclarecidos, em última instância, a partir das condições econômicas de vida da sociedade —, isto tem que ser válido, ainda muito mais, para todos as épocas anteriores, em que a produção da vida material dos homens ainda não era empreendida com esses recursos abundantes, e onde, portanto, a necessidade dessa produção tinha de exercer uma dominação ainda maior sobre os homens. Se, ainda hoje, na época da grande indústria e das estradas de ferro, o Estado é em geral reflexo, em forma vinculativa, das carências econômicas da classe que domina a produção, então isso precisaria ser assim, ainda muito mais, em uma época na qual uma geração de homens tinha de consagrar uma parte muito maior do seu tempo total de vida à satisfação das suas carências materiais, logo estando muito mais dependente delas do que nós hoje estamos. A investigação da história de épocas anteriores, desde que seriamente comprometida com esse lado, confirma isso na mais rica medida; porém, naturalmente, isso não poderá ser tratado aqui.

Se o Estado e o direito do Estado são determinados pelas relações econômicas, também o é, evidentemente, o direito privado, o que essencialmente apenas sanciona, sob as circunstâncias dadas, as inter-relações econômicas normais existentes entre os indivíduos. A forma na qual isso acontece pode, porém, ser muito diversa. É possível, como aconteceu na Inglaterra, em consonância com todo o desenvolvimento nacional, que formas do velho direito feudal, em grande parte, sejam conservadas e lhes sejam dadas um conteúdo burguês, imputando diretamente ao nome feudal um sentido burguês; mas também

ben; man kann aber auch, wie im kontinentalen Westeuropa, das erste Weltrecht einer Waren produzierenden Gesellschaft, das römische, mit seiner unübertrefflich scharfen Ausarbeitung aller wesentlichen Rechtsbeziehungen einfacher Warenbesitzer (Käufer und Verkäufer, Gläubiger und Schuldner, Vertrag, Obligation usw.) zugrunde legen. Wobei man es zu Nutz und Frommen einer noch kleinbürgerlichen und halbfeudalen Gesellschaft entweder einfach durch die gerichtliche Praxis auf den Stand dieser Gesellschaft herunterbringen kann (gemeines Recht), oder aber mit Hülfe angeblich aufgeklärter, moralisierender Juristen es in ein, diesem gesellschaftlichen Stand entsprechendes, apartes Gesetzbuch verarbeiten kann, welches unter diesen Umständen auch juristisch schlecht sein wird (preußisches Landrecht); wobei man aber auch, nach einer großen bürgerlichen Revolution, auf Grundlage eben dieses römischen Rechtes, ein so klassisches Gesetzbuch der Bourgeoisgesellschaft herausarbeiten kann wie der französische Code civil. Wenn also die bürgerlichen Rechtsbestimmungen nur die ökonomischen Lebensbedingungen der Gesellschaft in Rechtsform ausdrücken, so kann dies je nach Umständen gut oder schlecht geschehen.

Im Staate stellt sich uns die erste ideologische Macht über den Menschen dar. Die Gesellschaft schafft sich ein Organ zur Wahrung ihrer gemeinsamen Interessen gegenüber inneren und äußeren Angriffen. Dies Organ ist die Staatsgewalt. Kaum entstanden, verselbständigt sich dies Organ gegenüber der Gesellschaft, und zwar um so mehr, je mehr es Organ einer bestimmten Klasse wird, die Herrschaft dieser Klasse direkt zur Geltung bringt. Der Kampf der unterdrückten gegen die herrschende Klasse wird notwendig ein politischer, ein Kampf zunächst gegen die politische Herrschaft dieser Klasse; das Bewußtsein des Zusammenhangs dieses politischen Kampfes mit seiner ökonomischen Unterlage wird dumpfer und kann ganz verlorengehen. Wo dies auch nicht bei den Beteiligten vollständig der Fall

é possível, como na Europa Ocidental continental, tomar por base o primeiro direito mundial de uma sociedade produtora de mercadorias, o romano, com a sua insuperavelmente precisa elaboração de todas as inter-relações jurídicas essenciais dos possuidores simples de mercadorias (comprador e vendedor, devedor e credor, contrato, obrigação, etc.). Com isso, para utilidade e proveito de uma sociedade ainda pequeno-burguesa e semifeudal, ou se pode simplesmente reduzi-lo ao patamar dessa sociedade por meio da *práxis* jurídica (direito comum), ou então, com a ajuda de juristas pretensamente esclarecidos, moralistas, pode-se elaborá-lo num código à parte, correspondente a esse estado da sociedade, código esse que, nessas circunstâncias, será também juridicamente perverso (*Landrecht* prussiano);[29] com isso é possível também, após uma grande revolução burguesa, tendo como base justamente esse direito romano, elaborar um código da sociedade burguesa tão clássico quanto o *Code civil* francês. Se, portanto, as determinações jurídicas burguesas apenas expressam as condições econômicas de vida da sociedade em forma jurídica, isso pode ocorrer, a depender das circunstâncias, de modo satisfatório ou perverso.

No Estado, apresenta-se para nós a primeira potência ideológica sobre o homem. A sociedade cria para si um órgão para a salvaguarda dos seus interesses comuns diante de ataques internos e externos. Esse órgão é o poder do Estado. Assim que surge, tal órgão se autonomiza diante da sociedade, e isso, justamente, quanto mais ele se torna órgão de uma classe determinada, um órgão que valida diretamente a dominação dessa classe. A luta da classe oprimida contra a classe dominante torna-se necessariamente uma luta política; uma luta, antes de tudo, contra a dominação política desta classe; a consciência da conexão dessa luta política com os suas bases econômicas torna-se mais indeterminada e pode se perder totalmente. Onde os envolvidos não estão em situação de estabelecer essa conexão, isso quase sempre acontece por meio dos historiadores.

ist, geschieht es fast immer bei den Geschichtschreibern. Von den alten Quellen über die Kämpfe innerhalb der römischen Republik sagt uns nur Appian klar und deutlich, um was es sich schließlich handelte — nämlich um das Grundeigentum.

Der Staat aber, einmal eine selbständige Macht geworden gegenüber der Gesellschaft, erzeugt alsbald eine weitere Ideologie. Bei den Politikern von Profession, bei den Theoretikern des Staatsrechts und den Juristen des Privatrechts nämlich geht der Zusammenhang mit den ökonomischen Tatsachen erst recht verloren. Weil in jedem einzelnen Falle die ökonomischen Tatsachen die Form juristischer Motive annehmen müssen, um in Gesetzesform sanktioniert zu werden, und weil dabei auch selbstverständlich Rücksicht zu nehmen ist auf das ganze schon geltende Rechtssystem, deswegen soll nun die juristische Form alles sein und der ökonomische Inhalt nichts. Staatsrecht und Privatrecht werden als selbständige Gebiete behandelt, die ihre unabhängige geschichtliche Entwicklung haben, die in sich selbst einer systematischen Darstellung fähig sind und ihrer bedürfen durch konsequente Ausrottung aller inneren Widersprüche.

Noch höhere, d.h. noch mehr von der materiellen, ökonomischen Grundlage sich entfernende Ideologien nehmen die Form der Philosophie und der Religion an. Hier wird der Zusammenhang der Vorstellungen mit ihren materiellen Daseinsbedingungen immer verwickelter, immer mehr durch Zwischenglieder verdunkelt. Aber er existiert. Wie die ganze Renaissancezeit, seit Mitte des 15. Jahrhunderts, ein wesentliches Produkt der Städte, also des Bürgertums war, so auch die seitdem neuerwachte Philosophie; ihr Inhalt war wesentlich nur der philosophische Ausdruck der der Entwicklung des Klein- und Mittelbürgertums zur großen Bourgeoisie entsprechenden Gedanken. Bei den Engländern und Franzosen des vorigen Jahrhunderts, die vielfach ebensowohl politische Ökonomen wie

Entre as velhas fontes acerca das lutas no interior da república romana, apenas Apiano[30] nos diz clara e distintamente do que definitivamente se tratava: justamente da propriedade fundiária.

O Estado, porém, uma vez que se torna um poder autônomo diante da sociedade, logo em seguida produz uma ideologia ulterior. Nos políticos de profissão, nos teóricos do direito do Estado e nos juristas do direito privado, perde-se, sobretudo, a própria conexão com os fatos econômicos. Porque em cada caso individual os fatos econômicos têm de tomar a forma de motivos jurídicos para serem sancionados na forma de lei, e porque, ao fazê-lo, é preciso também evidentemente considerar todo o sistema jurídico já em vigor; por isso, a forma jurídica deve aqui ser tudo e o conteúdo econômico nada. Direito do Estado e direito privado são tratados como domínios autônomos, que têm o seu desenvolvimento histórico independente, que são capazes em si mesmos de uma exposição sistemática e a necessitam através da consequente extinção de todas as suas contradições internas.

Ideologias ainda mais superiores, isto é, ainda mais afastadas do fundamento econômico, material, tomam a forma da filosofia e da religião. Aqui, a conexão das representações com as suas condições materiais de existência torna-se sempre mais complexa, sempre mais obscurecida por elos intermediários. Mas ela existe. Assim como toda a época do Renascimento, desde os meados do século xv, foi essencialmente um produto das cidades — portanto, da burguesia —, também o foi a filosofia desde então renascida; o seu conteúdo era essencialmente apenas a expressão filosófica do pensamento correspondente ao desenvolvimento da pequena e média burguesia em grande burguesia. Isso se explicita claramente nos ingleses e franceses do século passado que, em muitos casos, tanto eram filósofos

Philosophen waren, tritt dies klar hervor, und bei der Hegelschen Schule haben wir es oben nachgewiesen.

Gehen wir indes nur noch kurz auf die Religion ein, weil diese dem materiellen Leben am fernsten steht und am fremdesten zu sein scheint. Die Religion ist entstanden zu einer sehr waldursprünglichen Zeit aus mißverständlichen, waldursprünglichen Vorstellungen der Menschen über ihre eigne und die sie umgebende äußere Natur. Jede Ideologie entwickelt sich aber, sobald sie einmal vorhanden, im Anschluß an den gegebenen Vorstellungsstoff, bildet ihn weiter aus; sie wäre sonst keine Ideologie, d.h. Beschäftigung mit Gedanken als mit selbständigen, sich unabhängig entwickelnden, nur ihren eignen Gesetzen unterworfnen Wesenheiten. Daß die materiellen Lebensbedingungen der Menschen, in deren Köpfen dieser Gedankenprozeß vor sich geht, den Verlauf dieses Prozesses schließlich bestimmen, bleibt diesen Menschen notwendig unbewußt, denn sonst wäre es mit der ganzen Ideologie am Ende. Diese ursprünglichen religiösen Vorstellungen also, die meist für jede verwandte Völkergruppe gemeinsam sind, entwickeln sich, nach der Trennung der Gruppe, bei jedem Volk eigentümlich, je nach den ihm beschiednen Lebensbedingungen, und dieser Prozeß ist für eine Reihe von Völkergruppen, namentlich für die arische (sog. indoeuropäische) im einzelnen nachgewiesen durch die vergleichende Mythologie. Die so bei jedem Volk herausgearbeiteten Götter waren Nationalgötter, deren Reich nicht weiter ging als das von ihnen zu schützende nationale Gebiet, jenseits dessen Grenzen andre Götter unbestritten das große Wort führten. Sie konnten nur in der Vorstellung fortleben, solange die Nation bestand; sie fielen mit deren Untergang. Diesen Untergang der alten Nationalitäten brachte das römische Weltreich, dessen ökonomische Entstehungsbedingungen wir hier nicht zu untersuchen haben. Die alten Nationalgötter kamen in Verfall, selbst die römischen, die eben auch nur auf den

como economistas políticos, bem como na escola hegeliana, como já demonstramos acima.

Passemos, entretanto, ainda que apenas brevemente, para a religião, já que essa se encontra o mais afastada possível da vida material e parece ser a mais alheia possível. A religião surgiu em uma época originariamente bastante silvestre, a partir de igualmente silvestres, equivocadas, representações dos homens sobre a sua própria natureza e a natureza exterior circundante. Toda a ideologia, porém, desde que ela exista, desenvolve-se em conexão com o material da representação dado, dá a ele uma forma ulterior; caso contrário, ela não seria ideologia, isto é, ocupação com pensamentos como essencialidades autônomas, desenvolvendo-se independentemente, submetidas apenas às suas próprias leis. O fato de as condições materiais de vida dos homens, em cuja cabeça esse processo de pensamento avança, determinarem definitivamente o curso desse processo, permanece necessariamente inconsciente para esses homens, afinal, caso contrário, toda a ideologia chegaria ao fim. Essas representações religiosas originárias, comuns a todo grupo de povos aparentados na maior parte dos casos, desenvolvem-se portanto após a separação do grupo, de modo particular em cada povo, dependendo das condições de vida particulares, e esse processo, para uma série de grupos de povos — expressamente para os arianos (chamados indo-europeus) —, está demonstrado detalhadamente pela mitologia comparada. Os Deuses assim elaborados por cada povo eram Deuses nacionais, cujo reino não ia além do território nacional a ser protegido por eles, para além de cujas fronteiras outros Deuses detinham incontestavelmente a última palavra. Eles somente podiam sobreviver na representação enquanto a nação existisse; caíam com a sua decadência. O império mundial romano, cujas condições econômicas de surgimento não podemos investigar aqui, trouxe à tona a decadência das antigas nacionalidades. Os antigos Deuses nacionais entraram em declínio, mesmo os Deuses romanos

engen Kreis der Stadt Rom zugeschnitten waren; das Bedürfnis, das Weltreich zu ergänzen durch eine Weltreligion, tritt klar hervor in den Versuchen, allen irgendwie respektablen fremden Göttern neben den einheimischen in Rom Anerkennung und Altäre zu schaffen. Aber eine neue Weltreligion macht sich nicht in dieser Art durch kaiserliche Dekrete. Die neue Weltreligion, das Christentum, war im stillen bereits entstanden aus einer Mischung verallgemeinerter orientalischer, namentlich jüdischer Theologie und vulgarisierter griechischer, namentlich stoischer Philosophie. Wie es ursprünglich aussah, müssen wir erst wieder mühsam erforschen, da seine uns überlieferte offizielle Gestalt nur diejenige ist, in der es Staatsreligion und diesem Zweck durch das Nicänische Konzil angepaßt wurde. Genug, die Tatsache, daß es schon nach 250 Jahren Staatsreligion wurde, beweist, daß es die den Zeitumständen entsprechende Religion war. Im Mittelalter bildete es sich genau im Maß, wie der Feudalismus sich entwickelte, zu der diesem entsprechenden Religion aus, mit entsprechender feudaler Hierarchie. Und als das Bürgertum aufkam, entwickelte sich im Gegensatz zum feudalen Katholizismus die protestantische Ketzerei, zuerst in Südfrankreich bei den Albigensern, zur Zeit der höchsten Blüte der dortigen Städte. Das Mittelalter hatte alle übrigen Formen der Ideologie: Philosophie, Politik, Jurisprudenz, an die Theologie annektiert, zu Unterabteilungen der Theologie gemacht. Es zwang damit jede gesellschaftliche und politische Bewegung, eine theologische Form anzunehmen; den ausschließlich mit Religion gefütterten Gemütern der Massen mußten ihre eignen Interessen in religiöser Verkleidung vorgeführt werden, um einen großen Sturm zu erzeugen. | Und wie das Bürgertum von Anfang an einen Anhang von besitzlosen, keinem anerkannten Stand angehörigen städtischen Plebejern, Tagelöhnern und Dienstleuten aller Art erzeugte, Vorläufern des spätem Proletariats, | so teilt sich auch die Ketzerei schon früh in eine

que apenas estavam talhados para o estreito círculo da cidade de Roma; a necessidade de completar o império mundial com uma religião mundial apareceu claramente nas tentativas de erguer altares, ao lado dos nativos de Roma, a todos e quaisquer Deuses estrangeiros respeitáveis. Mas uma nova religião mundial não se faz dessa maneira, por decretos imperiais. A nova religião mundial, o cristianismo, já tinha surgido em silêncio, a partir de uma mistura de teologia oriental generalizada, nomeadamente judaica, e de filosofia grega vulgarizada, nomeadamente estoica. O quanto ela parecia originária, temos ainda que pesquisar exaustivamente, pois a sua cofiguração oficial que nos foi transmitida é apenas aquela em que se tornou religião de Estado, e que para esse fim foi adaptada pelo Concílio de Niceia.[31] É suficiente o fato de que apenas 250 anos depois tenha se tornado religião de Estado para demonstrar que era a religião adequada às circunstâncias da época. Na Idade Média, na exata medida em que o feudalismo se desenvolvia, o cristianismo transformou-se na religião que correspondia a ele, com hierarquia feudal correspondente. E quando a burguesia apareceu, desenvolveu-se, em oposição ao catolicismo feudal, a heresia protestante, primeiro, no sul da França, entre os Albigenses,[32] na época de maior florescimento das cidades dessa região. A Idade Média tinha anexado à teologia todas as restantes formas da ideologia: filosofia, política, prática do direito.[33] Tinha-as tornado subdivisões da teologia. Obrigou, portanto, todo o movimento social e político a assumir uma forma teológica; os ânimos das massas, alimentadas como animais exclusivamente com religião, tiveram que mostrar seus próprios interesses em disfarces religiosos para criar uma grande tempestade. | E assim como a burguesia criou desde o início um apêndice de plebeus urbanos não reconhecidos por nenhum estamento, trabalhadores que recebiam por uma jornada diária e prestadores de serviços de todos os tipos, precursores do proletariado tardio, | a heresia se dividiu, desde o início, em um

bürgerlich-gemäßigte und eine plebejisch-revolutionäre, auch von den bürgerlichen Ketzern verabscheute.

Die Unvertilgbarkeit der protestantischen Ketzerei entsprach der Unbesiegbarkeit des aufkommenden Bürgertums; als dies Bürgertum hinreichend erstarkt war, begann sein bisher vorwiegend lokaler Kampf mit dem Feudaladel nationale Dimensionen anzunehmen. Die erste große Aktion fand in Deutschland statt — die sogenannte Reformation. Das Bürgertum war weder stark noch entwickelt genug, um die übrigen rebellischen Stände — die Plebejer der Städte, den niederen Adel und die Bauern auf dem Lande — unter seiner Fahne vereinigen zu können. Der Adel wurde zuerst geschlagen; die Bauern erhoben sich zu einem Aufstand, der den Gipfelpunkt dieser ganzen revolutionären Bewegung bildet; die Städte ließen sie im Stich, und so erlag die Revolution den Heeren der Landesfürsten, die den ganzen Gewinn einstrichen. Von da an verschwindet Deutschland auf drei Jahrhunderte aus der Reihe der selbständig in die Geschichte eingreifenden Länder. Aber neben dem Deutschen Luther hatte der Franzose Calvin gestanden; mit echt französischer Schärfe stellte er den bürgerlichen Charakter der Reformation in den Vordergrund, republikanisierte und demokratisierte die Kirche. Während die lutherische Reformation in Deutschland versumpfte und Deutschland zugrunde richtete, diente die calvinische den Republikanern in Genf, in Holland, in Schottland als Fahne, machte Holland von Spanien und vom Deutschen Reiche frei und lieferte das ideologische Kostüm zum zweiten Akt der bürgerlichen Revolution, der in England vor sich ging. Hier bewährte sich der Calvinismus als die echte religiöse Verkleidung der Interessen des damaligen Bürgertums und kam deshalb auch nicht zu voller Anerkennung, als die Revolution 1689 durch einen Kompromiß eines Teils des Adels mit den Bürgern vollendet wurde. Die englische Staatskirche wurde wiederhergestellt, aber nicht in ihrer frühem Gestalt, als Katholizismus mit dem König zum

herege moderado-burguês e um revolucionário-plebeu, também abominado pelos hereges burgueses.

O caráter inexterminável da heresia protestante correspondia à invencibilidade da burguesia ascendente; quando a burguesia era forte o suficiente, a sua luta com a nobreza feudal, até então predominantemente local, começou a tomar dimensões nacionais. A primeira grande ação aconteceu na Alemanha — a chamada Reforma. A burguesia não era suficientemente forte, tampouco estava suficientemente desenvolvida, para conseguir unificar sob a sua bandeira os estamentos rebeldes restantes — os plebeus das cidades, a baixa nobreza e os camponeses, no campo. Primeiro, a nobreza foi abatida; os camponeses levantaram-se em uma insurreição que formou o ponto culminante de todo este movimento revolucionário; as cidades os abandonaram e, assim, a revolução sucumbiu aos exércitos dos príncipes da terra, que embolsaram todos os ganhos. A partir de então, a Alemanha desaparece por três séculos da série de países que intervêm na história de forma autônoma. Mas, ao lado do alemão Lutero, surgiu o francês Calvino; com a fina precisão francesa, trouxe para primeiro plano o caráter burguês da Reforma, republicanizou e democratizou a Igreja. Enquanto a Reforma luterana estagnava e levava a Alemanha à ruína, a calvinista servia de bandeira aos republicanos em Genebra, na Holanda, na Escócia, libertava a Holanda da Espanha e do Império alemão[34] e fornecia o disfarce ideológico ao segundo ato da revolução burguesa que estava em processo na Inglaterra. O calvinismo comprovava-se aqui como o autêntico disfarce religioso dos interesses da burguesia daquela época e, por isso, não foi plenamente reconhecido quando a revolução de 1689 chegou a um fim por um compromisso de uma parte da nobreza com os burgueses.[35] A Igreja de Estado inglesa foi restabelecida, não em sua configuração anterior, enquanto catolicismo com o rei como papa, mas fortemente calvinizada. A velha Igreja de Estado tinha celebrado o alegre domingo católico e comba-

Papst, sondern stark calvinisiert. Die alte Staatskirche hatte den lustigen katholischen Sonntag gefeiert und den langweiligen calvinistischen bekämpft, die neue verbürgerte führte diesen ein, und er verschönert England noch jetzt.

In Frankreich wurde die calvinistische Minorität 1685 unterdrückt, katholisiert oder weggejagt; aber was half's? Schon damals war der Freigeist Pierre Bayle mitten in der Arbeit, und 1694 wurde Voltaire geboren. Die Gewaltmaßregel Ludwigs XIV. erleichterte nur dem französischen Bürgertum, daß es seine Revolution in der, der entwickelten Bourgeoisie allein angemessenen irreligiösen, ausschließlich politischen Form machen konnte. Statt Protestanten saßen Freigeister in den Nationalversammlungen. Dadurch war das Christentum in sein letztes Stadium getreten. Es war unfähig geworden, irgendeiner progressiven Klasse fernerhin als ideologische Verkleidung ihrer Strebungen zu dienen; es wurde mehr und mehr Alleinbesitz der herrschenden Klassen, und diese wenden es an als bloßes Regierungsmittel, womit die untern Klassen in Schranken gehalten werden. Wobei dann jede der verschiednen Klassen ihre eigne entsprechende Religion benutzt: die grundbesitzenden Junker die katholische Jesuiterei oder protestantische Orthodoxie, die liberalen und radikalen Bourgeois den Rationalismus; und wobei es keinen Unterschied macht, ob die Herren an ihre respektiven Religionen selbst glauben oder auch nicht.

Wir sehn also: Die Religion, einmal gebildet, enthält stets einen überlieferten Stoff, wie denn auf allen ideologischen Gebieten die Tradition eine große konservative Macht ist. Aber die Veränderungen, die mit diesem Stoff vorgehn, entspringen aus den Klassenverhältnissen, also aus den ökonomischen Verhältnissen der Menschen, die diese Veränderungen vornehmen. Und das ist hier hinreichend.

Es kann sich im Vorstehenden nur um einen allgemeinen Umriß der Marxschen Geschichtsauffassung handeln, höchstens noch um einige Illustrationen. Der Beweis ist an der Ge-

tido o maçante domingo calvinista; este foi introduzido pela nova Igreja de Estado aburguesada, e ainda hoje ele embeleza a Inglaterra.

Na França, a minoria calvinista foi oprimida, catolicizada ou expulsa em 1685;[36] mas, para que isso serviu? Já nessa época, o livre-pensador Pierre Bayle estava no trabalho e, em 1694, nascia Voltaire. A medida violenta de Luís XIV apenas facilitou à burguesia francesa fazer sua revolução sob a forma não religiosa, exclusivamente política, a única apropriada à burguesia desenvolvida. Em vez de protestantes, foram livres-pensadores que se sentaram nas assembleias nacionais. O cristianismo havia entrado por meio disso em seu último estágio. Tinha se tornado incapaz de servir a qualquer classe progressiva como disfarce ideológico das suas aspirações; tornou-se cada vez mais posse exclusiva das classes dominantes e essas o aplicavam como mero meio de governo pelo qual as classes inferiores eram mantidas dentro das barreiras. Com isso, então, cada uma das diversas classes utiliza a própria religião que lhe corresponde: a aristocracia rural possuidora de terras utiliza o jesuitismo católico ou a ortodoxia protestante; o burguês liberal e radical, o racionalismo; e não faz nenhuma diferença se os próprios senhores acreditam nas respectivas religiões ou não.

Vemos, portanto, que a religião, uma vez formada, contém sempre uma matéria tradicional, assim como que, em todos os âmbitos ideológicos, a tradição é uma grande força conservadora. Mas as transformações que se processam nessa matéria resultam das relações das classes, portanto, das relações econômicas dos homens que empreendem essas transformações. E isso é o suficiente aqui.

No exposto, somente é possível oferecer um esboço geral da concepção de história de Marx, no máximo mais algumas ilustrações. A prova deve ser fornecida na própria história, e

schichte selbst zu liefern, und da darf ich wohl sagen, daß er in andern Schriften bereits hinreichend geliefert ist. Diese Auffassung macht aber der Philosophie auf dem Gebiet der Geschichte ebenso ein Ende, wie die dialektische Auffassung der Natur alle Naturphilosophie ebenso unnötig wie unmöglich macht. Es kommt überall nicht mehr darauf an, Zusammenhänge im Kopf auszudenken, sondern sie in den Tatsachen zu entdecken. Für die aus Natur und Geschichte vertriebne Philosophie bleibt dann nur noch das Reich des reinen Gedankens, soweit es noch übrig: die Lehre von den Gesetzen des Denkprozesses selbst, die Logik und Dialektik.

* * *

Mit der Revolution von 1848 erteilte das „gebildete" Deutschland der Theorie den Absagebrief und ging über auf den Boden der Praxis. Das auf der Handarbeit beruhende Kleingewerbe und die Manufaktur wurden ersetzt durch eine wirkliche große Industrie; Deutschland erschien wieder auf dem Weltmarkt; das neue kleindeutsche Reich beseitigte wenigstens die schreiendsten Mißstände, die die Kleinstaaterei, die Reste des Feudalismus und die bürokratische Wirtschaft dieser Entwicklung in den Weg gelegt hatten. Aber in demselben Maß, wie die Spekulation aus der philosophischen Studierstube auszog, um ihren Tempel zu errichten auf der Fondsbörse, in demselben Maß ging auch dem gebildeten Deutschland jener große theoretische Sinn verloren, der der Ruhm Deutschlands während der Zeit seiner tiefsten politischen Erniedrigung gewesen war — der Sinn für rein wissenschaftliche Forschung, gleichviel, ob das erreichte Resultat praktisch verwertbar war oder nicht, polizeiwidrig oder nicht. Zwar hielt sich die deutsche offizielle Naturwissenschaft, namentlich auf dem Gebiet der Einzelforschung, auf der Höhe der Zeit, aber schon das amerikanische Journal „Science" bemerkt mit Recht, daß die entscheidenden Fortschritte auf

posso dizer que já foi suficientemente fornecida em outros escritos. Essa concepção põe fim, porém, à filosofia no domínio da história, assim como a concepção dialética da natureza torna tão desnecessária quanto impossível toda a filosofia da natureza. Não se trata mais de conceber conexões na cabeça, mas descobri-las nos fatos. A única coisa que resta para a filosofia expulsa da natureza e da história é o domínio do pensamento puro, na medida em que resta algo: a doutrina das leis do próprio processo do pensamento, a lógica e a dialética.

* * *

Com a revolução de 1848, a Alemanha "culta" recusou a teoria e, do alto, desceu para o chão da *práxis*. O pequeno ofício e a manufatura, que se baseavam no trabalho manual, foram substituídos por uma grande indústria efetiva; a Alemanha voltou a aparecer no mercado mundial; o novo império pequeno-alemão eliminou pelo menos as mais gritantes inconveniências que a medíocre divisão em pequenos Estados, os restos do feudalismo e a economia burocrática haviam deixado para o caminho desse desenvolvimento. Porém, na mesma medida em que a especulação se mudava do gabinete de estudo filosófico para instituir o seu templo na bolsa de valores, perdia-se para a Alemanha culta aquele grande sentido teórico que havia sido a glória da Alemanha durante o tempo da sua mais profunda degradação política: o sentido de uma pesquisa puramente científica, independentemente se o resultado alcançado fosse aproveitável na prática ou não, ou contrário às regras. De fato, a ciência da natureza oficial alemã, justamente no âmbito da investigação singular, manteve-se à altura da época, mas a revista americana *Science* já observa, com razão, que os progressos decisivos no

dem Gebiet der großen Zusammenhänge zwischen den Einzeltatsachen, ihre Verallgemeinerung zu Gesetzen, jetzt weit mehr in England gemacht werden, statt wie früher in Deutschland. Und auf dem Gebiet der historischen Wissenschaften, die Philosophie eingeschlossen, ist mit der klassischen Philosophie der alte theoretisch-rücksichtslose Geist erst recht verschwunden; gedankenloser Eklektizismus, ängstliche Rücksicht auf Karriere und Einkommen bis herab zum ordinärsten Strebertum sind an seine Stelle getreten. Die offiziellen Vertreter dieser Wissenschaft sind die unverhüllten Ideologen der Bourgeoisie und des bestehenden Staats geworden — aber zu einer Zeit, wo beide im offnen Gegensatz stehn zur Arbeiterklasse.

Und nur bei der Arbeiterklasse besteht der deutsche theoretische Sinn unverkümmert fort. Hier ist er nicht auszurotten; hier finden keine Rücksichten statt auf Karriere, auf Profitmacherei, auf gnädige Protektion von oben; im Gegenteil, je rücksichtsloser und unbefangener die Wissenschaft vorgeht, desto mehr befindet sie sich im Einklang mit den Interessen und Strebungen der Arbeiter. Die neue Richtung, die in der Entwicklungsgeschichte der Arbeit den Schlüssel erkannte zum Verständnis der gesamten Geschichte der Gesellschaft, wandte sich von vornherein vorzugsweise an die Arbeiterklasse und fand hier die Empfänglichkeit, die sie bei der offiziellen Wissenschaft weder suchte noch erwartete. Die deutsche Arbeiterbewegung ist die Erbin der deutschen klassischen Philosophie.

âmbito das grandes conexões entre fatos singulares, da sua generalização em leis, são agora feitos muito mais na Inglaterra do que, como anteriormente, na Alemanha. E, no âmbito das ciências históricas, incluindo a filosofia, desapareceu, junto à filosofia clássica, com maior razão, o velho espírito teórico-brutal:[37] tomam seu lugar o ecletismo desprovido de pensamento, a preocupação angustiada com carreiras e rendimentos descendo até ao arrivismo mais ordinário. Os representantes oficiais desta ciência tornaram-se ideólogos não encobertos da burguesia e do Estado existente — mas em um tempo em que ambos estão em oposição aberta à classe trabalhadora.

E é apenas na classe trabalhadora que continua a subsistir intacto o sentido teórico alemão. Aqui ele não pode ser exterminado; aqui não têm lugar as preocupações com a carreira, as pequenas atitudes sorrateiras para tirar proveito, a benevolente proteção vinda de cima; pelo contrário, quanto mais sem restrições e imparcialmente a ciência procede, tanto mais se encontra em consonância com os interesses e as aspirações dos trabalhadores. A nova orientação, que reconheceu na história do desenvolvimento do trabalho a chave para a compreensão de toda história da sociedade, voltou-se, antes de tudo, preferencialmente à classe trabalhadora e encontrou aí a receptividade que não procurou, tampouco esperava, na ciência oficial. O movimento trabalhador alemão é o herdeiro da filosofia clássica alemã.

Notas

[1]ENGELS, F. *Werke. Artikel. Entwürfe. Oktober 1886 bis Februar 1891.* (MEGA, 31, I). Bearbeitet von Renate Merkel-Melis. Akademie Verlag GmbH, Berlin, 2002. A *nota prévia* não aparece na primeira versão publicada na revista *Die Neue Zeit* em 1886 em dois cadernos, de abril e maio, antes da versão publicada em livro no ano de 1888: *Ludwig Feuerbach und der Ausgang der klassischen deutschen Philosophie.* Mit Anhang: *Karl Marx über Feuerbach vom Jahre 1845.* Stuttgart: Verlag von J.H.W. Dietz, 1888. [N. T.]

[2]A edição alemã de 1888 contém anexas as onze teses de Feuerbach, publicadas com o título "Karl Marx sobre Feuerbach do ano de 1845" (*Karl Marx über Feuerbach vom Jahre 1845*). [N. T.]

[3]*Ludwig Feuerbach*, de C. N. Starcke, Dr. Phil. Stuttgart, Ferd. Encke, 1885. [N. A.]

[4]Referência ao livro de Heine, *Zur Geschichte der Religion und Philosophie in Deutschland*, 1833 [Sobre a história da religião e filosofia na Alemanha], em que o autor trabalha a relação entre reforma protestante, revolução francesa e o papel da "revolução" filosófica do idealismo alemão. Heine é o epicentro da expressão crítica que ficou conhecida como miséria alemã, *Sonderweg*, ou ainda, via prussiana. A problemática da expansão-estabilização do mundo burguês, de totalização histórica e sistêmica da relação-capital, é o processo que define o século XIX europeu. O tema é desenvolvido, principalmente, por Lenin, Trótski e Lukács. A reverberação política e social do conhecido descompasso em relação ao desenvolvimento histórico da Inglaterra (revolução econômica — século XVII e XVIII) e da França (revolução política — século XVIII) é o que define a miséria alemã do século XIX. O pano de fundo histórico é complexo e atravessa muitos séculos de conflitos. A disputa pela região da Alsácia-Lorena, parte integrante do Sacro Império Romano-Germânico em 1648, anexada à França de Luis XIV depois da Paz de Vestfália, é um dos mais antigos embates envolvendo o povo francês e o alemão. Heinrich Heine também é aludido indiretamente por Marx em um texto de 1842 (*Manifesto filosófico da Escola Histórica do Direito*) ao citar ironicamente a "má" influência do jurista Gustav von Hugo — ao defender a irracionalidade da exclusividade do impulso sexual do homem no matrimônio — para os *jovens alemães*, movimento literário alemão da primeira metade do século XIX com inspiração em Heine e que dentre suas principais revindicações exigia o amor livre. [N. T.]

[5]Passagem presente em: *Vorrede, Grundlinien der Philosophie des Rechts, oder Naturrecht und Staatswissenschaft*. Hrsg. von Eduard Gans. 2. Aufl. Berlin, 1840 e retomada em *Enzyklopädie der philosophischen Wissenschaften I* (Dritte Ausgabe, 1830), § 6. [N. T.]

[6]*Enzyklopädie der philosophischen Wissenschaften I* (1830), § 143, *Zusatz*: "Se isso é possível ou impossível, depende do conteúdo, isto é, da totalidade dos momentos da realidade efetiva, *que se mostra em seu desdobramento como a necessidade*". (grifei) [N. T.]

[7]*Enzyklopädie der philosophischen Wissenschaften I*, § 142, *Zusatz*. Ao tratar da *realidade efetiva* como unidade entre essência e existência, compreendendo o elemento efetivo como o ser-posto que delimita um modo de relação que, apesar de racional — adequada à ideia — pode não ser efetivo, Hegel critica justamente a suposta cisão entre ideia e realidade efetiva. Ao tomar a ideia como representação subjetiva e a realidade como exterioridade sensível, a dinâmica de necessidade que vincula uma à outra se perderia em estruturas lógico-formais abstratas: ou como uma dinâmica de necessidade manifesta de modo meramente ideal, ou como uma dinâmica de necessidade efetiva, expressa por automatismos irracionais. O exemplo que ilustra essa situação mencionada por Engels é justamente o "plano, ou assim chamada ideia, de certa instituição fiscal", que pode ser "em si boa ou adequada aos fins, mas que não se encontra, do mesmo modo, na assim chamada realidade efetiva e não pode ser executada sob as relações dadas." (§ 142, *Zusatz*) [N. T.]

[8]Max Stirner. *Der Einzige und sein Eigenthum* (*O único e sua propriedade*), Leipzig 1845. [N. T.]

[9]Marx e Engels criticam o "socialismo verdadeiro" de Karl Grün em um dos manuscritos da *Ideologia Alemã:* "V. Karl Grün: *Die soziale Bewegung in Frankreich und Belgien*" (*Darmstadt 1845*) *oder Geschichtschreibung des wahren Sozialismus*" (Karl Grün: o movimento social na França e Belgica ou a historiografica do verdadeiro socialismo). [N. T.]

[10]Ainda hoje, entre selvagens e bárbaros inferiores, é a representação universal que as figuras humanas que aparecem em sonhos seriam almas que abandonam temporariamente os corpos; o homem efetivo é, portanto, considerado também responsável pelas ações que a sua aparição em sonho comete diante daquele que sonha. Em Thurn [Everard Ferdinand im Thurn: *Among the Indians of Guiana being sketches chiefly antropologic from the interior of British Guiana*], por exemplo, isso se encontrou, em 1884, entre os índios na Guiana. [N. A.]

[11]Referência ao astrônomo Johann Gottfried Galle, o primeiro a visualizar Netuno em 23 de setembro de 1846, a partir, como indicado por Engels, dos cálculos do astrônomo e matemático francês Urbain Le Verrier do mesmo ano. [N. T.]

[12] O neokantismo tem início nos anos 1850 e 1860. Sua influência se estende até a segunda guerra mundial. Enquanto orientação filosófico-acadêmica, a intenção era um retorno a Kant por meio de uma mediação crítica com o idealismo hegeliano e diversos materialismos do século XIX. A partir de 1880 configura-se como a escola predominante nas universidades de filosofia na Alemanha, tendo efeitos diretos em todas as chamadas *Geistwissenschaften*. A sua pré-história teórica delimita justamente o problema da relação entre subjetividade e razão, tendo em vista o problema do *a priori* kantiano: poderia este ser compreendido como "uma instituição orgânica inata ao gênero humano" (Ollig, Hans-Ludwig, *Der Neukantismus*, p. 1)? Esse entendimento simplista de um "neokantismo fisiológico" foi reelaborado e criticado pelas escolas neokantianas seguintes. O centro da abordagem passou a ser a filosofia prática e metafísica no interior de um sistema transcendental que compreende a unidade das três grandes críticas, principalmente a partir de 1890. O texto de Engels dialoga justamente com o período de prelúdio dessa problemática sistêmica. Os anos 1870 e 1880 correspondem à fase dos comentadores da obra kantiana, que serviu de impulso para fase de discussão sobre a legitimidade de um sistema transcendental (*Der Neukantismus*, p. 2), tendo como principais representes, com suas diferenças de abordagem, a Escola de Marburg, Herman Cohen, Paul Nartop e Ernst Cassier, e a Escola do sudoeste alemão, como Wilhelm Windelband, Heinrich Rickert e Emil Lask. É também determinante a influência do neokantismo no revisionismo da social-democracia alemã, de Kaustky e Bernstein, chegando até o marxismo austríaco e ao jovem Lukács, aspecto que reflete a dimensão da *distorção sistêmica da autonomia da vontade* diante da questão da organização revolucionária, isto é, de constituição e execução de uma *práxis revolucionária*, de desenvolvimento concreto de uma *vontade revolucionária* em interação recíproca com as formas políticas burguesas. [N. T.]

[13] A alusão aos agnósticos remete certamente à obra do biólogo inglês Thomas Henry Huxley, amigo de Darwin e defensor de sua teoria da evolução, que teria cunhado, em 1869, sob influência da própria teoria da evolução e do ceticismo de Hume, o sentido moderno do termo "agnóstico". O pano de fundo teórico entre o ceticismo de Hume e *a aporia* da "coisa em si" kantiana é reflexo de um longo processo de alteração do lugar de legitimação teórica e social das ciências da natureza no século XIX. [N. T.]

[14] *Ludwig Feuerbach in seinem Briefwechsel und Nachlass 1850–1872*. Leipzig, Heidelberg: Winter Verlag, Bd. 2, 1874. Citado a partir de Starcke: Ludwig Feuerbach, p. 166. [N. T.]

[15] A crítica ao imperativo categórico kantiano na *Fenomenologia do Espírito* é desenvolvida, principalmente, na formulação da *Verstellung* (deslocamento dissimulador). Uma passagem fundamental da recepção crítica da *Razão prática* de Kant, ponto em que Hegel expõe a fragilidade conceitual que julga ver no dualismo kantiano: a resolução da antinomia entre natureza

e moralidade, entre a estrutura normativa-causal da natureza e a estrutura normativa da moralidade, via postulado de um *"sumo bem originário" (KpV,* A 226). O centro da crítica de Hegel é justamente ao apriorismo da solução kantiana, à fragilidade dessa indeterminação (aqui a distorção e dissimulação) do lugar (do *Stellung*) da consciência moral, que, justificada como *a priori,* ignora o caráter ativo da consciência e se torna uma mera projeção ideal que pode assumir qualquer conteúdo. É provavelmente a esse aspecto da crítica que Engels se refere. [N. T.]

[16]"Portanto, o ateísmo é vossa religião!". [N. T.]

[17]A relação entre alquimia e religião aparece em Hermann Kopp, *Geschichte der Chemie* [História da química], 1843, e em Marcelin Berthelot, *Les origines de l'alchimie*, 1885. [N. T.]

[18]Referência ao *Culte de l'Être suprême* (Culto do Ser supremo) desenvolvido por Robespierre, que, inspirado pelo deísmo de Voltaire e pelo teísmo cristão de Rousseau, visava opor-se ao ateísmo radical do *Culto da Razão* de Joseph Fouché. [N. T.]

[19]FEUERBACH, L. "*Grundsätze der Philosophie. Nothwendigkeit einer Veränderung. 1842/43*". IN: *Ludwig Feuerbach in seinem Briefwechsel und Nachlass 1850–1872*. Leipzig; Heidelberg: Winter Verlag, Bd. 2, 1874. Citado a partir de Starcke: Ludwig Feuerbach, 1ª edição, p. 280. [N. T.]

[20]Starcke: Ludwig Feuerbach, 1ª edição, p. 280. [N. T.]

[21]*Grundlinien der Philosophie des Rechts, oder Naturrecht und Staatswissenschaft*. Hrsg. von Eduard Gans. 2. Aufl. Berlin, 1840, § 18: "Em relação à *adjudicação* (*Beurtheilung*) dos impulsos na dialética do fenômeno (*Erscheinung*), por [aparecerem] como *imanentes*, por isso, *positivas*, as determinações imediatas da vontade são *boas*; o homem é *assim bom por natureza*. Porém, na medida em que são *determinações da natureza*, isto é, opostas à liberdade e ao conceito de espírito em geral, e que são o *elemento negativo*, precisam ser *exterminadas, o homem é assim mau por natureza*. O elemento decisivo a favor ou contra uma ou outra afirmação é, a partir de seu posicionamento (*Standpunkt*), igualmente o arbítrio subjetivo". [N. T.]

[22]FEUERBACH, L. "Fragmente zur Characteritik meines philosophischen Curriculum vitae". In. *Sämtliche Werke*. Bd. 2, p. 411. Citado segundo Starcke: Ludwig Feuerbach. 1ª edição, p. 114. [N. T.]

[23]Essa dupla correção ou limitação recíproca dos impulsos naturais para felicidade de um individuo frente ao outro é apresentada por Feuerbach em sua "filosofia moral": "Zur Moralphilosophie (1868)" In: *Ludwig Feuerbach in seinem Briefwechsel und Nachlass*, Bd. 2. [N. T.]

[24]Possivelmente uma referência à Batalha de Königgrätz (ou de Sadowa, cidade da atual República Tcheca) ocorrida em três de julho de 1866, enfrentamento decisivo da guerra austro-prussiana, com vitória da Prússia. A disputa se deu no contexto do processo de unificação da Alemanha. O "mestre-escola de Sadowa" aponta possivelmente para vitória da Prússia e a sobreposição

de seu sistema educacional sobre o austríaco. Possível alusão também à obra do clérigo católico e membro da Câmara dos Deputados da Baviera, crítico das imposições estatais e vigilância dos sistemas educacionais, Josef Lukas. O livro tem justamente o mesmo titulo: *Der Schulmeister von Sadowa*. Mainz, 1878. [N. T.]

[25] Strauß, David Friedrich. *Das Leben Jesu, kritisch bearbeitet* (1835). Erster Band. Tübingen: Verlag von C. F. Osiander, 1864 / Strauß, David Friedrich. *Die christliche Glaubensiehre in ihrer geschichtlichen Entwicklung und im Kampfe mit der modernen Wissenschaft*. Tübingen, Stuttgart, 1840–1841, 2 Bände. [N. T.]

[26] Permitam-me aqui um esclarecimento pessoal. Recentemente, mais de uma vez, aludiu-se à minha participação nessa teoria e, portanto, eu não posso deixar de dizer aqui algumas poucas palavras que colocam um fim nesse ponto. Não posso negar que, antes e durante a minha colaboração de quarenta anos com Marx, tive certa participação autônoma, tanto na fundamentação como, nomeadamente, na elaboração da teoria. Mas a maior parte dos pensamentos fundamentais orientadores, particularmente no domínio econômico e histórico, e especialmente a precisa apreensão definitiva desse domínio, pertencem a Marx. Com aquilo que eu possa ter contribuído, Marx poderia — excetuando, quando muito, algumas disciplinas especiais — ter muito bem levado a cabo sem mim. O que Marx realizou, eu não teria levado a cabo. Marx estava mais acima, via mais longe, abarcava mais e mais rapidamente do que o resto de nós. | Marx era um gênio, nós, no máximo, talentosos. | Sem ele a teoria não seria hoje, nem de longe, aquilo que ela é. Ela tem, portanto, também com razão, seu nome. [N. A.]

[27] Cfr. *"Das Wesen der Kopfarbeit, von einem Handarbeiter"* [A essência do trabalho intelectual, por um trabalhador manual] Hamburg, Meißner, 1869. [N. A.]

[28] Possível alusão aos ocorridos na noite de 16 e 17 de Março de 1848 na fábrica de produção de ferro fundido da cidade de Solinger, onde uma rebelião dos trabalhadores destruiu quatro oficinas de fundição e uma máquina a vapor. [N. T.]

[29] No contexto do processo de codificação europeia pós-revolução francesa, que tem como marco o código civil napoleônico de 1804, o *Código Geral da Prússia (Allgemeine Preußische Landrecht)* de 1794, com seus 19.000 parágrafos, desenha na estrutura legal e social da Alemanha muitos aspectos dos compromissos de classes que caracterizam os efeitos concretos da revolução de 1789 fora da França, já que nele é possível vislumbrar com muita clareza o desdobramento interno e constitutivo da inter-relação entre Estado na forma burguesa e sociedade estamental pré-burguesa (Sobre isso: KOSELELCK, R. *Preußen zwischen Reform und Revolution, Allgemeines Landrecht, Verwaltung und soziale Bewegung von 1791 bis 1848*). A distorção que essa inter-relação

impõe é certamente um aspecto da perversidade jurídica mencionada por Engels. [N. T.]

[30] Apiano de Alexandria, autor da *História romana* (Ῥωμαϊκά – *Romaica*) escrita em 24 volumes. [N. T.]

[31] Primeiro concílio ecumênico de bispos cristãos convocado pelo Imperador Romano Constantino I em 325, na cidade de Nicéia (atualmente, província de Bursa na Turquia). Organizado na forma do senado romano, o concílio discutiu, entre outras questões, sobre a divindade da figura de Cristo e sua relação com o Deus-Pai. Do fundo da disputa político-religiosa entre Alexandre I e Ário surge a questão da doutrina da revelação. Um dos resultados é a tentativa de estabelecimento de uma unidade do credo cristão em oposição às visões que deveriam ser consideradas heréticas. Na passagem, Engels se refere justamente a esse aspecto quando fala da "mistura de teologia oriental generalizada, nomeadamente judaica, e de filosofia grega vulgarizada, nomeadamente estoica", assim como remete à questão da estrutura de organização institucional da Igreja, tendo como resultado principal a promulgação da primeira forma da lei canônica, uma lei que, naquela época, organizou tanto a vida espiritual como material. [N. T.]

[32] Os Albigenses eram membros de um movimento religioso herético que se estabeleceu desde o fim do século XII no sul da França, em torno da cidade de Albi. Composto em grande parte por artesãos e comerciantes das cidades, além de alguns nobres, todos contrários, entre outras coisas, ao controle de terra pela Igreja e a hierarquia eclesiástica. [N. T.]

[33] Engels já havia indicado isso em um artigo publicado na *Nova Gazeta Renana* de 1850: ENGELS, F. *Der Deutsche Bauernkrieg* [A guerra camponesa alemã]. IN: MEGA, I.10. [N. T.]

[34] Período em que a Holanda fez parte do Sacro Império Romano-Germânico entre 1477 e 1555. [N. T.]

[35] Referência à revolução gloriosa de 1689. No capítulo sobre a *Acumulação primitiva (originária)*, ao mencionar a revolução gloriosa como um dos impulsos da dominação violenta constitutiva da expropriação do trabalhador da propriedade rural, Marx indica justamente o caráter histórico fundamental desse compromisso entre aristocracia rural e capitalistas, ambos "extratores de mais-valor": "A *Glorious Revolution*, com Guilherme III de Orange, levou ao poder extratores do mais-valor fundiários e capitalistas. Estes inauguraram, em escala colossal, a nova Era de roubo de domínios do Estado, até então realizado em proporções apenas modestas. Essas terras foram presenteadas, vendidas a preços irrisórios ou, mediante usurpação direta, anexadas a propriedades privadas. Tudo isso ocorreu sem nenhuma observância da etiqueta legal". (MARX, K. *Das Kapital*. Erster Band. 39 Aufl. 2008, p. 751). [N. T.]

[36] Fim do Édito de Nantes em 1685 que, desde 1598, garantia aos calvinistas franceses tolerância religiosa. [N. T.]

[37] Aqui é possível remeter a uma conhecida passagem de Marx, onde defende a necessidade de uma crítica teórica sem restrições (*rücksichtlos*), aquela que não olha para trás (*rück-sicht*) impulsionada pela investigação da estrutura de poder do presente. O contexto é uma carta de Marx a Ruge, de 1843, na qual reflete sobre a situação política na Alemanha do período e a função do crítico. A crítica deve ser "brutal (*rücksichtlos*) tanto no sentido de [...] não pode temer os seus próprios resultados quando no sentido de que não pode temer os conflitos com os poderes estabelecidos". MARX, K. Deutsche Französische Jahrbücher 1. Doppellieferund, Februar, 1844. In: MARX, K.; ENGELS, F. *Werke*. Band 1. Berlin/DDR: Dietz Verlag, 1976, p. 344. Comparando a situação da filosofia alemã do período clássico com a nova função da filosofia pós-1870, é que Engels pode afirmar, em um sentido próximo ao de Marx em 1843, o fim do "velho espírito teórico-brutal" da crítica na Alemanha, completamente absorvido pela estrutura de poder do Estado cada vez mais burguês, e seu único caminho agora possível: a consciência crítica da classe trabalhadora. [N. T.]

Posfácio
Friedrich Engels e o ponto de saída da filosofia clássica alemã

VINICIUS MATTEUCCI DE ANDRADE LOPES

Em sua clássica biografia teórica sobre o jovem Marx, Lukács sugere, para além das qualidades investigativas, determinação e rigor, a existência na obra de Marx de uma intima coincidência, que cabe a "poucas personalidades da história mundial", "entre desenvolvimento teórico individual e desenvolvimento social geral".[1]

---

1. "O processo de superação do hegelianismo, também a ultrapassagem por Feuerbach, a fundação da dialética materialista, coincide, no seu processo formativo, com o desenvolvimento da posição da democracia revolucionária em direção ao socialismo consciente. Ambas as linhas formam uma unidade necessária, mas todo o processo transcorre — de modo algum contingente — em um período da história alemã, no qual — após a ascensão ao trono de Frederico Guilherme IV na Prússia, e a conversão reacionário-romântica da política interna prussiana — estabelece-se uma agitação universal política e ideológica: o período de preparação da revolução democrático-burguesa de 1848". (LUKÁCS, Georg. *Der junge Marx. Seine philosophische Entwicklung von 1840–1844*. Stuttgart. Verlag Günther Neske Pfullingen, 1965, p. 6)

Como se sabe, um elemento fundamental para construção dessa "intima coincidência", que se expressa em diversos textos de Marx, principalmente os com veiculação jornalística, é que muitos eram respostas diretas a momentos políticos, acontecimentos históricas e debates teóricos contemporâneos. O alcance e profundidade da crítica é traço a ser medido pela singularidade de cada texto. E aqui sem mistificar a abstração *marxismo* — constituída principalmente a partir do século XIX como sintoma conjuntural, muito mais a favor dos seus detratores do que dos seus defensores —, termo que Engels reputa como correto em relação ao seu próprio modo investigativo, já que a rubrica *marxismo* serve justamente para estabelecer a diferenciação frente aos materialismos, socialismos e positivismos do final do século XIX, afinal, sem Marx, já morto há cerca de três anos, "a teoria não seria hoje, nem de longe, aquilo que ela é. Ela tem, portanto, também com razão, seu nome".[2]

A obra de Engels, por sua vez, também é exemplo dessa rara *confluência*. Um fator fundamental é a mesma interlocução direta, via textos jornalísticos, com seu tempo histórico. Nesses textos, tanto Marx como Engels enfrentaram abertamente o que na metade do século XIX europeu era inevitável: o impacto da expansão do mundo burguês em *todas* as suas dimensões. Mais de meio século depois da burguesia francesa estabelecer a retórica política de legitimação de sua estrutura de poder, a totalidade dessa expansão, já há muito "visível" do *Standpunkt* europeu em uma de suas figuras centrais — o avanço do poder do "mercado mundial" — torna-se inquestionável no século XIX com o estabelecimento da grande indústria, como o próprio Engels escreve:

Desde a efetivação (*Durchführung*) da grande indústria, portanto, pelo menos desde a paz europeia de 1815, não era mais segredo para homem nenhum na Inglaterra que lá toda a luta política girava em

---

2. *Ludwig Feuerbach e o fim da filosofia clássica alemã (parte IV).*

torno das pretensões de dominação de duas classes: a aristocracia possuidora de terras (*landed aristocracy*) e a burguesia (*middle class*). Na França, a consciência do mesmo fato foi obtida com o regresso dos Bourbon; os historiadores da época da Restauração, de Thierry a Guizot, Mignet e Thiers, falam disso, por toda a parte, como a chave para a compreensão da história francesa desde a Idade Média. E, desde 1830, em ambos os países, a classe dos trabalhadores, o proletariado, foi reconhecido como a terceira força por essa dominação.

A consciência desse processo se explicita não apenas na reestruturação dos modos e relações de produção, na transformação da relação campo-cidade em diversas regiões europeias, mas também nas mais abstratas formas de consciência, condicionadas à revelia de suas mais nobres intenções. Afinal, como também aponta Engels, "a moral de Feuerbach está talhada pela atual sociedade capitalista, por mais que ele próprio não queira isso ou possa suspeitar".[3]

A presente obra é, portanto, um exemplo paradigmático desse enfrentamento de conjuntura. Tem sua origem justamente em um convite que Engels recebeu dos editores da revista social-democrata, *Die Neue Zeit*, provavelmente de Kautsky,[4] para realizar uma resenha crítica da mencionada tese de doutorado, recém-lançada em 1885, do filósofo dinamarquês Carl Nicolaj Starcke: uma exposição filosófica do desenvolvimento teórico de Feuerbach. Essa informação importa aqui, já que, conforme adiantado, a resenha empreendida por Engels não corresponde a uma revisão da obra de Starcke, uma retomada crítica de Feuerbach ou, a partir disso, uma crítica conceitual interna dos pressupostos da filosofia de Feuerbach. Quem buscar qualquer uma desses pontos no texto dificilmente acompanhará a sua potência crítica. Como indicado no *Apparat* da MEGA (I.30, 2011), trabalhado por Renate Merkil-Melis:

---

3. *Ludwig Feuerbach e o fim da filosofia clássica alemã (parte III)*.
4. *Apparat*, MEGA (I.30, 2011), p. 738.

A monografia de Starcke sobre Feuerbach ofereceu a Engels a possibilidade de confrontar de modo exemplar as novas tendências no pensamento filosófico, recusa de Hegel, neokantismo ético, positivismo. O livro [de Starcke] destacava-se tanto como uma medição intencional entre idealismo e realismo, como enquanto um direcionamento para metafísica e ética.[5]

Essa tentativa de mediação entre uma metafísica e uma ética que Starcke vê na obra de Feuerbach é um traço central do embate das ideias na Alemanha desde 1830, principalmente tendo em vista os efeitos práticos da fraseologia da Revolução Francesa, ou, como coloca Starcke no prefácio da obra, dos efeitos da "indeterminação" da Revolução de 1789, por meio da qual direitos abstratos como a liberdade universal[6] passam a ser considerados como inatos ao homem, deixando em aberto questões como: qual homem? Qual liberdade? Qual a estrutura desse caráter inato? A ética e filosofia da religião de Feuerbach são, para Starcke, tentativas de respostas *não sistêmicas* a essas questões.

A ILUSÃO BURGUESA DA AUTONOMIA DA VONTADE

Para Engels, leitor do real via obra de Starcke, ou mesmo para Marx e Engels, leitores do real via Feuerbach em 1844/45 nos manuscritos da *Ideologia Alemã*, qualquer formulação de resposta metafísica, moral ou ética a essas questões conduz inevitavelmente às confusões fundamentais do mundo burguês: entre elas, apreender o Estado moderno enquanto "realidade

---

5. *Idem*.
6. "Na Revolução de 1789 tudo ainda era indeterminado; falava-se de direitos humanos, mas esses eram apenas frases feitas, na medida em que não conseguiam oferecer para grande maioria um elemento determinado, real, para que os homens tivessem direitos". STARCKE, C. N. *Ludwig Feuerbach*. Stuttgart: *Verlag von Ferdinand Enke*, 1885, p.VII

efetiva da liberdade concreta";[7] ou ainda, a dimensão interna dessa concepção, apreender os imperativos político-morais (o *Sollen, o dever-ser*) como resoluções formais da relação entre vontade e devir, isto é, como *locus* concreto da resolução da tensão entre vontade subjetiva e história.

Na semântica de uma metafísica burguesa sobre a forma da autonomia da vontade, o problema se coloca como uma tentativa de delimitação da diferença entre um *sollen subjetivo* e um *objetivo*, entre o elemento posto objetivamente pela vontade e a indeterminação subjetiva da constituição dessa vontade. Essa delimitação passa pela justificação dos *imperativos sociais como elementos subjetivos sempre já superados* pelo *devir*, pela *"forma da formação cultural"*, nos termos de Hegel. O Estado aparece como a conservação (*Erhaltung*) da "substância" do interesse particular que se expressa enquanto interesse universal justamente por ter atravessado *uma forma de formação cultural*. A crítica do jovem Marx a Hegel aponta justamente para neutralização dessa relação recíproca entre universal e particular, questionando a "omissão das determinações concretas"[8] diante das

---

7. HEGEL, G. W. F. *Grundlinien der Philosophie des Rechts oder Naturrecht und Staatswissenschaft im Grundrisse*, Frankfurt am Main, Suhrkamp Verlag, 1970, p. 415 (§ 270). "Que o fim do Estado seja o interesse universal como tal e que, nisso, seja a conservação dos interesses particulares como substância destes últimos, isso é 1) sua realidade-efetiva abstrata ou substancialidade; mas esta última é 2) sua necessidade, enquanto ela se divide nas distinções conceituais de sua atividade, que são, do mesmo modo, graças àquela substancialidade, determinações estáveis e reais, poderes; 3) porém, tal substancialidade é, precisamente, o espírito, que, por haver passado pela forma de uma tradição cultural [Die *Form der Bildung*], sabe-se e quer a si mesmo. O Estado sabe, por isso, o que quer, e o sabe em sua universalidade, como algo pensado; ele age e atua, por isso, segundo fins sabidos, princípios conhecidos e segundo leis que não são somente em si, mas para a consciência; e, do mesmo modo, na medida em que suas ações se atêm às circunstâncias e relações existentes, age e atua segundo o conhecimento determinado que tem delas."
8. MARX, K. *Zur Kritik der Hegelschen Rechtsphilosophie. Kritik des Hegelschen Staatsrechts.* MEW, Band 1, p. 217.

determinações abstratas. Omissão esta, imposta pelo mesmo movimento da concretude, que revela o caráter arbitrário das abstrações, sempre a favor de *uma forma* de "formação cultural" que *aparece* como *única forma possível*. Aqui a conhecida proposição de Marx, para ficarmos ainda em 1843, por meio da qual essa distorção funciona: "o momento filosófico não é a lógica da determinação prática (*Sache*) [como pretende Hegel e as variadas formas de consciência no mundo burguês], mas a determinação pratica (*Sache*) da lógica [como ocorre à revelia da intenção dos filósofos]".[9]

Marx e Engels, enquanto historiadores do processo de formação do mundo burguês, questionam justamente o *locus* de aparecimento da relação (*Verhältnis*) constitutiva dos imperativos sociais. A crítica de Marx à relação-capital (*Kapitalverhältnis*) implode justamente qualquer pretensão de localizar essa relação em uma mediação, mais ou menos direta, entre *razão objetiva* e *subjetividade moral*. Em termos kantianos, criticados via Feuerbach por Engels (parte III), a "impotência" do imperativo categorial, a pretensão de se livrar das condições empíricas, escapar às limitações arbitrárias e imposições objetivas, e alcançar uma forma universal da subjetividade, não passa de uma potência sistêmica. Na *Fundamentação da metafísica dos costumes* (1785), Kant defende que a máxima subjetiva não seria dada pelas condições objetivas, mas já expressaria um conteúdo externo à lei posta — pelo Estado ou tradição cultural — localizada em um espaço imaginado *entre* o subjetivo e o objetivo. A universalidade se provaria, nesse lugar, como forma "*natural*" da vontade, como se fosse uma decantação subjetiva da realidade. Como se o Estado, ou o próprio elemento político do mundo burguês, fosse uma *decantação natural* de uma *vontade histó-*

---

9. Idem, p. 216.

rica universal. O *caráter natural*[10] se expressaria como aquilo que é determinado pelo elemento universal, isto é, localizado tanto *fora da vontade subjetiva* como *fora das condições objetivas*. A *vontade histórica* seria o outro lado da mesma moeda, já que explicitaria, enquanto devir histórico, o caráter *interno* de uma suposta autorresolução da tensão entre vontade subjetiva e condições objetivas.

É bastante ilustrativa, nesse sentido, a conhecida passagem de Marx na *Miséria da filosofia*, onde critica o fato dos economistas burgueses dividirem as instituições em "artificiais" (*künstliche / de l'art*) e "naturais" (*natürliche / de la nature*). Assim como os teólogos defendem a religião dos outros como criação dos homens e a sua como revelação de Deus, os economistas burgueses defendem suas instituições, "suas relações no presente", como revelações de leis naturais eternas que devem governar toda sociedade, enquanto as instituições feudais, bem como as relações de produção feudal, seriam históricas, necessariamente transitórias: "Havia assim uma história, mas agora não há mais."[11] Ou, de modo mais enfático: havia uma história assim, *justamente por isso*, não há mais.

Na realidade, como não cansaram de demonstrar Marx e Engels, o Estado moderno, o elemento político burguês, ou a forma da vontade (*a Sitllichkeit*) burguesa, nada mais são do que uma decantação *historicamente imposta* (aqui a igualação entre interesse universal e a forma da formação cultural apontada por Hegel) de uma vontade igualmente histórica, mas

---

10. "Devido ao fato da universalidade da lei, segundo a qual efeitos acontecem, constituir aquilo a que, na realidade, chama-se *natureza* no sentido mais amplo da palavra (quanto à forma), isto é, em relação à existência das coisas, enquanto determinada por leis universais, o imperativo universal do dever (*Pflicht* — obrigação) poderia também exprimir-se assim: *age como se a máxima da tua ação devesse se tornar, pela tua vontade, lei universal da natureza*." (KANT, I. *Grundlegung zur Metaphysik der Sitten*.Frankfurt am Main, Suhrkamp Verlag, 2007, p. 53)
11. MARX, K. *Das Elend der Philosophie*, MEW 6, p. 139.

que não se constitui como caráter *interno* da autorresolução da tensão entre vontade subjetiva e condições objetivas. Essa autorresolução não é a revelação da verdade, ainda que contenha elementos concretos, justamente porque ela não é o resultado automático dessa autorresolução. E ela não é automática porque não há o *fora idealizado*. Nem como transcendental, nem como transcendente. Esse seria um elemento básico da dimensão materialista, necessariamente histórica. Toda a crítica da economia-política de Marx explicita as diversas dimensões desse *fora idealizada*. Um fora que é idealizado e conjurado pelo movimento concreto, bastando atentar, por exemplo, para a cisão entre potencias intelectuais do processo de produção e o trabalho manual, mediado pelo fora idealizado do trabalho abstrato, que se apresenta historicamente quando o autômato da grande indústria se põe.[12] A exposição de Engels toma esse ponto como pressuposto evidente.

Essa *fora idealizado*, essa "dominação violenta estanha" (*fremde Gewalt*), indicado por Marx e Engels já em 1844/45,[13]

---

12. "Toda produção capitalista, por ser não apenas processo de trabalho, mas, ao mesmo tempo, processo de valorização do capital, tem em comum o fato de que não é o trabalhador que emprega as condições de trabalho, mas, ao contrário, são estas últimas que empregam o trabalhador; porém, apenas com a maquinaria essa inversão adquire uma realidade tangível. Transformado num autômato, o próprio meio de trabalho se confronta, durante o processo de trabalho, com o trabalhador como capital, como trabalho morto a dominar e sugar a força de trabalho viva. A cisão entre as potências intelectuais do processo de produção e o trabalho manual, assim como a transformação daquelas em potências do capital sobre o trabalho, consuma-se, como já indicado anteriormente, na grande indústria, erguida sobre a base da maquinaria" (Das Kapital, *p. 495*). Para uma indicação clara e concisa do trabalho abstrato, entendido não como uma categoria lógica abstrata, mas como um movimento histórico que se expressa pela divisão do trabalho na grande industria, conferir: VERSOLATO, Rafael. *O mistério do real: capital e trabalho assalariado*. 2016. Faculdade de Filosofia Letras e Ciências Humanas. Departamento de Filosofia. Universidade de São Paulo, São Paulo, 2016, p. 220 e seguintes.

13. "O poder (*Macht*) social, isto é, a força de produção multiplicada que nasce da cooperação (*Zusammenwirken* — atividades que visam um fim co-

porém, e isso é central, não é *contingente*. Pelo contrário, sua existência é o sinal da evidência da sua contradição: "As relações se simplificaram tanto que era preciso fechar os olhos propositalmente para não ver na luta dessas três grandes classes [a aristocracia possuidora de terras, burguesia e trabalhador assalariado] e no conflito de seus interesses, a força impulsionadora da história moderna — pelo menos, nos dois países mais avançados."[14] O desenvolvimento histórico do mundo burguês, assim como a complexa luta de classes que lhe é imanente, revela que a dinâmica do movimento do real, que aparece a todos como o poder estranho concreto de uma formação cultural universal, é um artifício *sistêmico e arbitrário* de converter os interesses particulares da *forma burguesa* na *forma universal do interesse*.

A clareza com que essa distorção se expressa com a grande indústria, como aponta Engels, "atravessa" (*Durchführung*) a divisão social do trabalho no século XIX, alterando o *ponto de saída da reflexividade histórica* no mundo burguês. Tanto enquanto acúmulos de círculos de reprodução do mais-valor (*reprodução ampliada*), gerações de trabalhadores já nascem sob a forma da relação-capital, como enquanto processo de reposição, dos modos mais variados, da expropriação das formas de consciência. Uma alteração complexa, inquestionável, que não se reduz a uma relação imediata e causal entre divisão social do trabalho e formas de consciência e permite questionar tanto

---

mum) dos diversos indivíduos condicionada pela divisão do trabalho, aparece a esses indivíduos, porque a própria cooperação não é voluntária, mas espontânea (*naturwüchsig*), não como seu próprio poder (*Macht*) unificado, mas como um poder-violência (*Gewalt*) externo (*fremde*), situado fora deles, sobre o qual não sabem de onde vêm ou aonde vão, uma violência (*Gewalt*), portanto, que não podem mais dominar [e] que, pelo contrário, percorre agora uma sequência particular de fases e etapas de desenvolvimento, independente do querer e da conduta do ser humano (*Luafen des Menschen*) e que até mesmo dirige esse querer e conduta." MARX K.; ENGELS F. Die deutsche Ideologie. Werke. p. 29.

14. *Ludwig Feuerbach e o fim da filosofia clássica alemã (parte IV)*.

a ideia de *uma pragmática da história* — que somente poderia ser "apreendida (*abgefasst*) à medida que produz (*macht*) prudência (*klug*), isto é, caso ensine ao mundo como ele poderia assegurar sua melhor vantagem, pelo menos de modo tão bom quanto o mundo precedente"[15] — como a ideia de uma história que entende o presente como resultado fatalmente contingente de algo sempre já superado, isto é, como naturalização do elemento transitório. Ambas as concepções correspondem às duas faces da "forma da *Bildung*" burguesa.

A necessidade de enfrentar racionalmente a contingência das contradições do mundo burguês como *totalidade em movimento* é um ponto fundamental do texto de Engels. Uma exigência primária para enfrentar essa totalidade é justamente conseguir visualizá-la, ter *consciência do alcance de sua dinâmica*. A discussão sobre o modo de investigação, sobre o método da crítica, não é, portanto, uma questão que se coloca separada da luta política concreta. Na realidade, a possibilidade dessa separação, que irá contaminar o marxismo do século XX por meio das mais variadas formas de positivismos, começa a se colocar como tendência a partir desse período de 1880, como o próprio Engels indica, com a reabilitação de Kant e Hume. Mais à frente retomaremos a isso.

CONSCIÊNCIA HISTÓRICA E TOTALIDADE

Em relação ao modo investigativo, o texto é uma *tentativa de exposição sintética* do materialismo histórico e de como somente por meio dele uma crítica do desenvolvimento histórico burguês é possível. Lukács, em seu ensaio *Consciência de classe*, toma a "famosa" exposição de Engels como ponto de partida para introduzir sua definição de *consciência de classe*, mais precisamente de *consciência classe imputada/atribuída* (*zugerechnet*).

---

15. KANT, I. *Grundlegung zur Metaphysik der Sitten*. Frankfurt am Main, Suhrkamp Verlag, 2007, p. 47.

Em um diálogo subjacente com a clássica crítica de Lenin (*Que fazer?*) à social-democracia russa (e alemã) sobre a formação de uma classe revolucionária — se espontânea, isto é, resultado automático do desdobramento das contradições do mundo burguês, ou se consciente, trazida "de fora" da relação patrão-empregado por estruturas pratico-teóricas capazes de fazer frente à marcha inexorável do avanço do desenvolvimento capitalista e da ideologia burguesa —, o ponto de partida de Lukács é a crítica à falsa objetividade concreta da racionalidade histórica burguesa. "Seu erro consiste em querer encontrar esse elemento concreto no indivíduo histórico empírico (não importa se trata de uma pessoa, uma classe, ou povo) e na consciência empiricamente dada (isto é, dada por uma psicologia ou por uma psicologia das massas)".[16] Na sequência de sua argumentação, Lukács apresenta a retomada — em sentido contrário ao anti-hegelianismo da social democracia alemã, principalmente em Kaustky — da categoria da *totalidade concreta, da sociedade civil-burguesa como totalidade.* É curioso que Kautsky fora um entusiasta desse mesmo texto de Engels, que permitiu, porém, outro caminho de leitura a Lukács.

Um aspecto da dificuldade de uma crítica do desenvolvimento da totalidade histórica burguesa reside justamente na particularidade do processo de reprodução da racionalidade político-moral no interior da racionalidade histórica, já que na concretude da dinâmica histórica ambas são a mesma coisa. Como vimos brevemente, elementos dessa confusão concreta haviam sido apontados por Marx já em 1843 na crítica a Hegel. No presente texto, Engels expõe a inevitabilidade da constituição dessa totalidade do ponto de vista da relação entre vontade e história de modo bastante claro:

---

16. LUKACS, G. *Geschichte und Klassenbewusstsein.Studien über marxistische Dialektik.* Verlag de Munter, Amsterdam, 1967, p. 61.

Os homens fazem a sua história, aconteça ela como acontecer, na medida em que cada um persegue conscientemente as finalidades que eles mesmos querem, e a resultante destas várias vontades que atuam em direções diversas e da sua influencia múltipla sobre o mundo exterior é justamente a história. Depende, portanto, do que os muitos indivíduos querem. A vontade é determinada por paixão ou reflexão. Mas as alavancas que, por sua vez, determinam imediatamente a paixão ou reflexão, são de tipos muito diversos. Em parte podem ser finalidades exteriores, em parte *fundamentos ideais do movimento* (*ideelle Beweggründe*), ambição, "entusiasmo pela verdade e pela justiça", ódio pessoal, ou também caprichos puramente individuais de toda a espécie. Mas, por outro lado, vimos que as várias vontades individuais ativas na história, na maioria dos casos, produzem resultados totalmente diferentes dos pretendidos — muitas vezes contrapostos — e que, portanto, para o resultado do todo, seus fundamentos de movimento têm um significado subordinado. Por outro lado, é possível questionar ainda mais: quais forças impulsionadoras estão novamente por detrás destes fundamentos do movimento, que causas históricas transformam, na cabeça dos agentes, esses fundamentos de movimento?

A concepção materialista precisa necessariamente enfrentar esse enigma de compreender *o todo* das inter-relações que movimentam *consciente e inconscientemente* suas ações:

Quando se trata, portanto, de investigar as potências impulsionadoras — conscientes ou inconscientes e, de fato, frequentemente inconscientes — que estão por detrás dos fundamentos dos movimentos dos homens que agem historicamente, potências estas que constituem propriamente as forças motrizes últimas da história, não se pode levar em conta apenas os fundamentos de movimento dos indivíduos, mesmo considerando aqueles que agem de modo eminente e põem em movimento grandes massas, povos inteiros e, em cada povo, por sua vez, classes inteiras. Tampouco se pode considerar apenas as ações que se dão por uma explosão momentânea passageira, fogo de palha que queima rapidamente, mas a ação duradoura que se alastra em uma grande transformação histórica.

Os fundamentos do movimento, sejam eles ideias ou não, direcionam o olhar necessariamente para além dos processos

automáticos de subjetivação ou repetição objetiva dos limites concretos, seja da psique ou da classe social. Mas é justamente por isso que eles são apreensíveis e podem ser explicados por suas causas históricas concretas, porque seu ponto de saída não é simplesmente o amplo espectro que compõe a subjetividade, mas justamente aquilo que escapa ao arco da vontade: "as várias vontades individuais ativas na história, na maioria dos casos, produzem resultados totalmente diferentes dos pretendidos — *muitas vezes contrapostos* — e que, portanto, para o resultado do *todo*, seus fundamentos de movimento têm um significado subordinado."

A colisão das vontades, a contradição da luta em movimento, escapa ao velho materialismo de Feuerbach, tanto quanto escapa a qualquer racionalidade que não considera o arco de constituição dos fins da vontade de um tempo histórico, e daquilo que é encoberto no presente, podendo ou não se realizar no futuro. Ainda assim, algo se põe e constitui uma estrutura interna do movimento, que não está ao alcance da consciência, tampouco é resultado de uma autorresolução entre vontade subjetiva e condição histórica objetiva, como indicado acima. "Assim, as colisões das inúmeras vontades singulares e ações singulares no âmbito histórico proporcionam um estado que é totalmente análogo ao que domina na natureza *desprovida de consciência*."[17] A analogia, antes de configurar um princípio heurístico de apreensão da realidade histórica, explicita justamente que somente há um acesso possível e crítico da realidade histórica quando considerada a questão básica do caráter de *movimento do elemento histórico*. O interesse subjetivo da ação sempre se põe em movimento, pois ele mesmo é resultado ideal de um movimento anterior que se projeta objetivamente no limite dessa idealidade no presente. Esse limite é a realidade contraditória que forma a consciência de sua existência no presente, a qual não pode ser buscada meramente naquilo "que é

---

17. *Ludwig Feuerbach e o fim da filosofia clássica alemã* (parte IV).

pensado, sentido e querido *factualmente* em determinadas condições históricas em situações determinadas de classe, etc.".[18] Apesar da autocrítica lukacsiana da incapacidade prática da *consciência da falsa consciência*, da consciência de classe historicamente imputada,[19] o ponto de partida do problema continua o mesmo apontado tanto por Engels como por Lukács: o caráter absolutamente inevitável da relação *consciente-inconsciente* com a totalidade histórica.

Tudo o que põe os homens em movimento tem de passar por sua cabeça; mas que configuração toma nessa cabeça, depende muito das circunstâncias. Os trabalhadores, sob nenhuma circunstância, reconciliaram-se com o maquinário fabril capitalista, mesmo que não mais tenham simplesmente quebrado em pedaços as máquinas, como ainda em 1848 no Reno.[20]

---

18. "A inter-relação com a totalidade concreta e as determinações dialéticas dela decorrentes ultrapassam a simples descrição e resultam na categoria da possibilidade objetiva. Ao relacionar a consciência com o todo da sociedade [como uma *inter-relação*], são reconhecidos todos os pensamentos, sensações, etc., que os homens *teriam* em uma situação determinada de vida, se eles *fossem capazes de apreender completamente (vollkommende — consumando até o fim)* essa situação, os interesses dela resultantes, tanto em relação à ação imediata como em relação à — conforme tais interesses — estrutura constitutiva (*Aufbau*) de toda a sociedade; os pensamentos, etc., isto, os que estão em conformidade com tal situação objetiva. Em nenhuma, o número de tais situações de vida é ilimitado. Mesmo caso se busque aperfeiçoar ainda mais sua tipologia por meio de pesquisas singulares detalhadas, resulta, porém, em alguns tipos fundamentais completamente afastados um do outro. Tipos fundamentais cujo elemento essencial (*Wesenart*) é determinado por meio da tipologia da posição dos homens no processo de produção. Aqui a reação racionalmente adequada que é *imputada* [*zugerechnet* — correta, justificada, adjudicada — algo é lançado à adequação por uma ação imposta/objetiva] no modo de uma situação típica determinada no processo de produção, é a consciência de classe." (LUKACS, G.*Geschichte und Klassenbewusstsein. Op. Cit.* p. 62)

19. LUKACS, G. *Geschichte und Klassenbewusstsein. Op. Cit. Vorwort* (Prefácio) 1962: "A transformação da consciência 'imputada' em consciência revolucionária aparece aqui, considerada objetivamente, como um puro milagre".

20. *Ludwig Feuerbach e o fim da filosofia clássica alemã (parte IV).*

Aqui para muitos, como para a crítica social alemã dos anos 1920 e 1930, salta aos olhos da concretude o erro da última passagem. A *reconciliação* entre uma posição de classe e circunstâncias contrárias teria se mostrado como um fenômeno corriqueiro. Na realidade, a questão dessa reconciliação, não por acaso uma dimensão subjacente às diversas discussões sociais-democratas do entre guerras, é expressão de mais um sintoma da expansão da relação-capital, que reforça os processos de expropriação das formas de consciência[21] na época do *imperialismo*, momento em que na passagem do século XIX para o XX a totalidade sistêmica do capital já posta há mais de meio século começa a se transfigurar em outros elementos totalizantes: nacionalismo, pátria, progresso, técnica. A "falsa consciência" de classe é poderosa justamente porque ela é resultado do impulso reflexivo dessa "reconciliação", inatingível por meio da dimensão subjetiva da consciência, mas que explicita o limite objetivo do movimento histórico de constituição da divisão social do trabalho. Esse limite expressa a impossibilidade da "reconciliação". A começar porque nunca houve uma unidade anterior a ser reconciliada entre o trabalhador no mundo burguês (entendido na dinâmica do devir da escravidão e servidão para forma assalariada) e as circunstâncias da acumulação originária (primitiva) — mesmo se pensarmos na "cisão entre o trabalhador e a *propriedade* das condições de efetivação de seu trabalho" —, já que a relação das passagens históricas da cooperação até a grande indústria com os impulsos violentos que

---

21. Dois exemplos de exposição dos mecanismos de *expropriação das formas de consciência* podem ser encontrados na crítica da anatomia da classe média alemã reacionária dos anos 1920 e 1930, fração dos trabalhadores que irá apoiar o Nacional Socialismo, presente na análise literário-sociológica de Siegfried Kracauer de 1930, *Os empregados,* e na obra de Ernst Bloch, de 1935, *A herança dessa época,* onde inclusive há uma brilhante definição da estrutura ideológica que forma essa figura da "classe média reacionária", definida por Bloch com um termo ambíguo em alemão, mas que, bem entendido, é quase autoexplicativo: *dispersão-distrativa (Zerstreuung).*

geram a cisão (*Trennung*), entre eles, por exemplo, a Revolução Gloriosa mencionada por Engels nesse texto, indicam que não é possível considerar essa não-cisão a partir de uma *conciliação anterior*. A subjetividade da consciência não alcança os fins que coloca, pois eles nunca são apenas seus, ainda que se creia profundamente nisso. A objetividade do desenvolvimento histórico se põe a partir e para além da subjetividade. Para além da imposição sistêmica do "ter que trabalhar", poucos trabalhadores "se reconciliariam" com a vida que levam no mundo do império do livre-arbítrio, como é *a aparência* do mundo burguês, sem um reforço sistêmico de elaboração de *convicções*, sem um reforço sistêmico de todas as "pedagogias" para *servidão voluntária*, muito mais eficientes do que La Boétie poderia imaginar em 1563.

O DESTINO DA FILOSOFIA ALEMÃ COM A CONSOLIDAÇÃO DO MUNDO BURGUÊS

As contradições do mundo burguês a partir do século XIX *escapam* para todos os lados. É *impossível não sentir os efeitos da contradição histórica da expansão da relação-capital na Alemanha de 1886*. O *fim* da época da filosofia clássica alemã, nesse sentido, não é simplesmente o *ponto final* da filosofia clássica. A filosofia clássica não se esgotou com a morte de Hegel em 1831. E a referência ao neokantismo na Alemanha e à retomada de Hume na Inglaterra pelo próprio Engels indica justamente que não se trata de um fim da filosofia clássica alemã em si mesma, mas de um *ponto de saída* da *relação* da filosofia alemã com *o devir do desenvolvimento histórico burguês*. A metade do século XIX é o ponto de transição, de saída, para o momento em que o mundo burguês *fica sobre os próprios pés*, completa esse devir e revela as contradições do seu próprio desenvolvimento, encobertas pelo seu próprio devir. Essa filosofia torna-se clássica justamente porque se converte em ponto de mediação intransponível com o que vem antes dela, o que expressa seu caráter

sintomático, já que não pode ser pensada como tendo o mesmo papel que tinha anteriormente, distorcida como uma *filosofia em si mesma*. Claro, Engels sabia há muito que não há algo como uma *filosofia em si mesma* separada da realidade: platonismo, kantismo, hegelianismo, nem mesmo marxismo. O limite do movimento do efetivo, do real, é a consciência (filosófica, jurídica, política, econômica, religiosa, moral, etc.), tanto quanto a consciência está limitada pelo efetivo, aqui colocando em outras palavras a conhecida e mal compreendia proposição da *Ideologia Alemã*: "Não é a consciência que determina (*bestimmt — indica o limite, o termo*) a vida, mas a vida que determina (*bestimmt — indica o limite, o termo*) a consciência".

Em 1848 estávamos diante do *ponto de saída da filosofia clássica alemã*. O titulo, o *fim (Ausgang) da filosófica clássica alemã*, que desde a tradução francesa de 1894 revisada pelo próprio Engels — *Ludwig Feuerbach et la fin de la philosophie classique allemande* — tornou-se cânone das traduções latinas, induz, portanto, a uma limitação. Não se trata, porém, de um erro de tradução. Normalmente *Ausgang* é traduzido como "saída", "ponto de saída", ao contrário do termo "fim", *Ende*, mas no campo semântico em que foi empregado, relacionado a uma época histórica, cabe a tradução por "fim", desde que se tenha em vista essa dimensão de ser *um ponto de passagem ou de saída* para outra época histórica. Esse *ponto de saída* é o que define o enfrentamento de conjuntura empreendido por Engels em 1886, já que, como apontado acima, e certamente ficará claro ao leitor do livro, a filosofia de Feuerbach apresentada por Starcke, sua crítica ou defesa, não é o objeto da obra. Feuerbach é apresentado no máximo como catalisador de um *ponto de transição* que a própria realidade já evidenciava nos anos 1840 alemães.

Engels define a conjuntura 1848/1886 como resultado e explicitação do processo de expansão da relação-capital, apreendido pela via *prussiana*, que virá a ser tematizada por ele próprio em

1887/1888, em outro artigo a ser publicado na *Die Neue Zeit*.[22] Três vias de unificação da Alemanha abriram-se com o fracasso das Revoluções de 1848, a primeira, a *via alemã*, revolucionária que suprimiria a autonomia político-econômica dos pequenos estados (*Einzelstaaten*) por uma guerra de unificação conduzida pelo povo contra Napoleão III e as dinastias prussianas e austríacas, a segunda, *a via pela dominação da Áustria* e a terceira, a via da *Realpolitik* de Bismarck, *a via prussiana*. Como sabemos, a última, não por acaso, impôs-se, já que vinha sendo gestada desde 1830 com a *Zollverein* (união aduaneira), quando a estrutura de estabilização do modo de produção e relação burguesa começa a forjar a unidade territorial e política de parte do atual território alemão, que terá como ponto de chegada o II Reich (*Deutsches Kaiserreich*).

Partindo da via prussiana, a metáfora do *ponto de saída* atravessa toda a argumentação de Engels e se estrutura em duas dimensões indissociáveis. A primeira refere-se ao fato de que "na Alemanha do século XIX, a revolução filosófica preparou o colapso político". A crítica que preparou o colapso político não foi, portanto, empreendida por uma burguesia politicamente revolucionária e liberal, apesar de ser possível questionar o verdadeiro papel social dos "mandarins alemães". De fato, na conjuntura 1830/1848 e depois em 1870 com o processo de unificação da Alemanha com Bismarck, o tempo de uma burguesia revolucionária já havia passado. Uma imagem de unidade de época se rompe. No plano filosófico, o sistema de Hegel é a última tentativa de refletir uma unidade, principalmente na milenar relação *teologia/política/direito/filosofia*.

O caráter antissistêmico, em oposição à sistematicidade da filosofia hegeliana, que agradou Starcke na obra de Feuerbach, já havia chamado atenção de Marx e Engels há 40 anos. Na

---

22. ENGELS, F. *Die Rolle der Gewalt in der Geschichte*. MEW, 21. Dietz Verlag, Berlin. 5. Auflage, 1975.

realidade, um aspecto conjuntural fundamental das Revoluções de 1848 na Alemanha. A *unidade política alemã*, sob a égide do avanço da *unidade do mundo burguês*, traz para o chão da concretude a abstrata unidade teórica da antiga relação política/religião. A intenção filosófica dessa unidade, que — *no plano das ideias* — pode saltar arbitrariamente de Aristóteles a Hegel, antes de cair na unidade do *absoluto*, implode justamente com a consideração interna da dinâmica de transitoriedade da racionalidade dialética. Uma questão elementar, apontada por Marx já na tese de doutorado (1837), apreendida como crítica ao modo de intuição filosófico idealista, é que o propósito do filosofar, "do espírito teórico", não é *explicar-compreender* o mundo, mas *intervir no mundo*, mesmo quando quer apenas *interpretá-lo*:

É uma lei psicológica que o espírito teórico, que vem a ser livre em si (*in sich*) mesmo, torne-se uma energia prática, emergindo enquanto *vontade* do reino das sombras de *Amenthes*, volte-se contra a mundana, existente (*vorhanden*) sem o espírito, realidade efetiva (1.1/ 67 e 68).

A filosofia como vontade ("como impulso de se efetivar") se contorce para fora (*herauskehren*) do mundo fenomênico o trazendo consigo. A tensão contraditória entre a relação de reflexividade da ideia e autonomia pré-existente (*vorhande*) do mundo não pode ser superada por si só, pois o movimento da ideia consome a si mesmo ao se efetivar no mundo e altera: *a si mesmo, ao mundo* e *à própria reflexividade*.[23] A pressuposição de uma autonomia pré-existente, sempre à disposição da força pura da ideia, sem perceber (isto é, sem considerar fundamental a compreensão do movimento real das coisas) a *influência recíproca* concreta dessa relação *contraditória* incompleta, em

---

23. "Assim surge a consequência de que o vir a ser filosófico do mundo é ao mesmo tempo um vir a ser mundano da filosofia, que a sua efetivação é, ao mesmo tempo, sua perda (*Mangel*), que, aquilo que ela combate no lado de fora é seu próprio defeito interno, que justamente na luta ela incorre em danos (*Schade* — falta de vínculos), que ela combate como danos e que somente os supera (*aufheben*), na medida em que incorre nos mesmos". (MEGA I.1/67 e ss).

que tanto do lado subjetivo da ideia, como do lado objetivo da realidade — na busca de uma relação proporcional (estável) capaz de expressar a medida das coisas — é um erro. Os excessos e elementos evasivos, danos (*Schaden*) no vocabulário da tese de 1837, são sempre inevitáveis. Nem mesmo a sistematicidade hegeliana escaparia desse movimento, ou do *próprio movimento da história*, como Engels demonstra em alguns aspectos. Por isso, a relação de Marx e Engels com a tradição do idealismo alemão, passando justamente pelos jovens hegelianos e Feuerbach, sempre teve em mente a contradição e a tensão entre ideia e realidade, mas percebendo a possibilidade de compreender nessa tensão os excessos e elementos evasivos, os danos que o embate entre ideia e realidade impõe.

A filosofia hegeliana seria a expressão dos limites desse embate:

> Com Hegel se encerra a filosofia em geral. Por um lado, porque ele reuniu em seu sistema, do modo mais grandioso, todo o desenvolvimento da filosofia; por outro, porque, ainda que inconscientemente, nos mostra o caminho para fora desse labirinto de sistemas em direção ao conhecimento positivo e efetivo do mundo.[24]

A segunda dimensão do ponto de saída corresponde à contradição imanente da relação *reação-revolução* da expansão do mundo burguês. Entre 1789 e 1851, a revolução burguesa se resolve na indeterminação entre *a reação* feudal à revolução burguesa em 1789 e *a reação* burguesa à *possibilidade da* revolução proletária, principalmente a partir da comuna de Paris em 1870. As duas reações se fundem e se sobrepõem sistemicamente enquanto totalização da relação-capital entre o bonapartismo na França em 1851 e via prussiana com Bismarck, apesar da evidente particularidade do desenvolvimento histórico de cada processo.

---

24. *Ludwig Feuerbach e o fim da filosofia clássica alemã* (parte I).

Para sintetizar algo complexo que vale uma obra, questão trabalhada em muitos aspectos por Lukács, *a via prussiana é a via de saída da filosofia clássica alemã*, restando às intenções filosóficas teóricas, de desvelar os mistérios do real, converterem-se, a partir da metade do século XIX, *na forma farsesca dos seus conteúdos trágicos*, forçando aqui a brilhante e conhecida metáfora de Marx. A razão disso, de modo sucinto, é a modificação do papel social do saber filosófico, em razão da, nos termos de Engels, "simplificação" da estrutura social europeia: "tanto que era preciso fechar os olhos propositalmente para não ver na luta dessas três grandes classes [a aristocracia possuidora de terras, burguesia e trabalhador assalariado] e no conflito de seus interesses, a força impulsionadora da história moderna — pelo menos, nos dois países mais avançados."

O lugar social do filósofo começa a ser determinado pelos problemas a que é chamado a oferecer respostas e de onde ele formula suas respostas. A mudança do papel das universalidades a partir da metade do século XIX em relação ao desenvolvimento das forças produtivas prepara a passagem da centralidade do "filósofo-teólogo" para o "cientista-empregado". Essa passagem é subjacente à análise de Engels, elaborada ainda nas ruínas do papel singular do papel do filósofo-teólogo na Alemanha. Essa dinâmica estabelece necessariamente um novo tipo de ruptura com a realidade, estabelecendo um papel diverso dos filósofos-teólogos do mundo pré-burguês. Uma ruptura que ocorre tanto no nível cognitivo mais elementar, enquanto relação com a objetividade e seus circuitos cotidianos, como também em um nível social-político mais amplo como autorreflexividade do mundo burguês enquanto *comunidade universal*. O caráter sistêmico da desigualdade social e da falsa liberdade concreta do mundo burguês, nessa passagem de uma filosofia burguesa crítica dos fundamentos do mundo feudal para uma burguesia reacionária em crise com o mundo que se põe, consciente ou inconscientemente, desloca o *locus* do problema e explicita justamente — aqui o clássico problema do *fetiche*

da objetividade inaugurado por Lukács[25] como questão para o marxismo do século XX — um *descolamento específico* em relação à realidade efetiva, que não *pode mais ser apreendida por fundamentos universais, sem vincular a si mesma aos deslocamentos-dissimuladores* impostos pela universalidade e unidade social do mundo burguês.

Engels tenta, em certo momento, delimitar a alteração de função da *intelligentsia* filosófica alemã, opondo as descobertas científicas à antiga filosofia da natureza alemã, indicando, por exemplo, a materialidade da "coisa em si" de Kant: "as matérias químicas produzidas em corpos vegetais e animais eram as tais "coisas em si" até que a química orgânica começou a apresentá-las uma após outra; com isso, a "coisa em si" se tornou uma coisa para nós". A questão é que Marx já havia mostrado que o enigma da objetividade da experiência tem um *locus* não enigmático. A reprodutibilidade da relação-capial é o que produz a simplificação da luta das três classes apontadas por Engels, produz a divisão do acesso aos meios de subsistência, a vinculação entre modo de produção e relação de produção. A mobilidade dessa reprodutibilidade é inegável, a ilusão de um controle *externo* a essa reprodutibilidade é base de todos os enigmas da forma político-moral burguesa.

Nesse sentido, os compromissos de classes, entre Napoelão III e a burguesia francesa, Bismarck e a burguesia alemã, são resultados sistêmicos desses deslocamentos. O irracionalismo que Lukács apontou para a filosofia na época do imperialismo tem esse caminho. O caminho da miséria da filosofia se abre com a complexa dinâmica de expansão do mundo burguês. A partir de 1848 nenhum tema das sintomaticamente denominadas *Geistwissenschaften* [*ciências do espírito*] escapará dessa relação,

---

25. Conferir, por exemplo: LUKÁCS, G. *Existentialismus oder Marxismus?* Berlin: Aufbau-Verlag, 1951, p. 8 e ss.

que sempre voltará com suas mascaras. É nesse contexto que as retomadas, tanto do agnosticismo, como do neokantismo, podem ser compreendidas:

Se, entretanto, a reabilitação da concepção kantiana é tentada na Alemanha pelos neokantianos e a reabilitação de Hume na Inglaterra (onde nunca morreu) pelos agnósticos, cientificamente, diante da refutação teórica e prática há muito alcançada, isso é um retrocesso e, praticamente, apenas um modo envergonhado de aceitar o materialismo pelas costas e de o negar perante o mundo.[26]

ENGELS CRÍTICO DO NEOKANTISMO

A partir de 1880 o neokantismo configura-se como a escola predominante nas universidades de filosofia na Alemanha, tendo efeitos diretos nas chamadas *Geistwissenschaften*, particularmente na *Ciência do Direito* (o exemplo paradigmático será a *Teoria pura do Direito* de Hans Kelsen na Áustria em 1934). Um tema central inaugurado por Engels nesse texto: *a primeira crítica materialista do neokantismo*. A pré-história teórica da retomada de Kant delimita justamente o problema da relação entre subjetividade e razão, tendo em vista justamanete o problema do *a priori*: poderia este ser compreendido como "um instituição orgânica inata ao gênero (*angeborene Gattungsorganisation*)" humano?[27]

A retomada de Hume, o agnosticismo inglês, não por acaso, compartilha a mesma dimensão filosófica. Em termos teóricos, a *aporia* da experiência sensível racional, entre ceticismo e filosofia transcendental, gira em torno, como se sabe, do desafio assumido por Kant diante de Hume, "o geógrafo da razão humana", de construir um fundamento racional para proposições como: "toda mudança necessita de uma causa". A existência da causa é faticamente, empiricamente, inegável, afinal a água não

---

26. *Ludwig Feuerbach e o fim da filosofia clássica alemã (parte II)*.
27. OLLIG, Hans-Ludwig, *Der Neukantismus*, Stuttgart, Springer-Verlag, GmbH, 1979, p. 1.

esquenta sem o fogo, e a maior prova disso é que se colocarmos a mão na água quente iremos nos queimar. Para além do mau "hábito" de queimar a mão, caberia comprovar que a água sempre esquenta com o fogo, comprovar como posso saber que entre esses dois entes — água quente e fogo — há uma ligação que não é fruto da mera contingência empírica. Em outras palavras: como é possível antecipar racionalmente um vínculo entre fenômenos sem precisar sempre recorrer à má experiência? Uma questão que nesse nível de empiria, água quente e fogo, parece banal, mas que se torna complexo quando passamos para dimensão metafísica: como justificar racionalmente Deus como causa do mundo? Ou ainda: como entender a relação entre "má experiência" e produtividade? A resposta kantiana ao desafio cético passa pela aceitação da inacessibilidade metafísica da dimensão fenomênica do mundo, mas que, justamente por isso, devido à indeterminação sensível do fenômeno, revelaria a inevitabilidade do papel atuante e determinante da *noumenon* no conhecer e pensar da razão transcendental.

A dificuldade aqui, na realidade, é situar um fundo histórico desse debate, principalmente tendo em vista a ideia de uma "instituição orgânica do gênero" humano enquanto ser racional e livre, que contém inato, em si, a potência *a priori*, ao mesmo tempo, espontânea e reflexionada, de constituir o *critério* para avaliar os automatismos da realidade efetiva e o sentido das transformações sociais que o século XIX trazia. O estabelecimento de um critério transcendental, a partir de um vínculo interno entre *autonomia da vontade* e realidade efetiva, é a questão central da *Fundamentação da metafísica dos costumes*. Como indicado no inicio dessa apresentação, a obra de Marx e Engels questiona, como nunca antes, a possibilidade da *autonomia da vontade em termos transcendentais*, e expande o problema para além de uma questão meramente de critica da política, da religião ou da filosofia. O desenvolvimento e protagonismo das ciências da natureza no século XIX, pressuposto da "querela do materialismo" (*Materialismusstreit*) diante do

transcendental, como aponta Engels, não se deu apenas pela "força do puro pensamento", mas também pelo "sempre mais veloz impetuoso progresso da ciência da natureza e da indústria". Esse progresso impetuoso implica tanto uma mudança "interna", de avanço e novas descobertas, desenvolvimento da matemática, física, química, biologia, como uma transformação "externa", pelo desdobramento histórico da indústria e alteração continua do modo de produção e divisão social do trabalho, que chega a um ponto culminante em 1848.

O neokantismo, que direcionou as discussões das universidades alemãs por quase um século no âmbito das ciências do espírito, é uma resposta, mais ou menos direta, ao posicionamento-constitutivo da totalidade sistêmica do capital com a grande indústria. As ciências duras, da natureza, não podem, portanto, mais ser compreendidas unicamente pelo desenvolvimento interno de seu caráter cognitivo ou capacidade de explicar os mistérios da natureza e da humanidade, e não ocupam mais um espaço ao lado das discussões metafísicas, submetidas ao controle político-social da Igreja, inseridas, principalmente no idealismo alemão, como o próprio Engels aponta, nas diversas "filosofias da natureza". Na realidade, a querela entre o papel ativo da subjetividade diante dos automatismos da realidade, pano de fundo do neokantismo, é um dos complexos efeitos ideológicos do estabelecimento de uma nova divisão do trabalho "no interior da sociedade",[28] que tem como um dos aspectos fundamentais o longo processo de reposição das ciências da natureza no processo histórico de passagem da manufatura para grande indústria.

Um processo que parte do sistema de cooperação artesanal capitalista, passa pela autonomização parcial do trabalhador, divisão territorial do trabalho e concentração da produção na mão do capitalista na manufatura, até chegar à completa autonomização abstrata do trabalho com a maquinaria. O núcleo do

---

28. MARX, K. *Das Kapital. Erster Band.* 39 Aufl. 2008, p. 371.

argumento de Marx é a *interação recíproca* entre divisão do trabalho na manufatura capitalista, isto é, a divisão do processo de produção "no interior da manufatura" e a divisão do trabalho no "interior da sociedade civil-burguesa". "Na medida em que a produção e circulação de mercadorias é o pressuposto geral do modo de produção capitalista, a divisão do trabalho mediada pela manufatura exige que a divisão do trabalho tenha amadurecido até certo grau de desenvolvimento no interior da sociedade. Às avessas, a divisão do trabalho mediada pela manufatura desenvolve e multiplica por efeito retroativo (*rückwirkend*) aquela divisão social do trabalho".[29] Os meios de subsistência somente existem enquanto meios de produção, ou em função dos meios de produção, o que se explicita, por exemplo, com a nova divisão entre campo e cidade que se intensifica sem precedentes a partir do século XIX europeu, constituindo a cidade como *telos* automático ideal de certo desenvolvimento histórico do campo. Esse longo processo de transformação, como se sabe, acontece de modo diverso em cada país e passa sempre pelo desdobramento das formas de dominação precedentes.

Além de naturalizar, disciplinar e condicionar o trabalhador, como aquele a quem não resta nada além de vender suar força de trabalho, o devir da fábrica manufatureira em grande indústria, a divisão "interna" do trabalho, constitui a autoridade incondicional do capitalista, na mesma medida em que permite a este, no âmbito da divisão social do trabalho "no interior da sociedade", "por seu efeito retroativo", aparecer como um produtor e vendedor de mercadoria submetido à mesma concorrência, imposição e pressão dos interesses que parecem *externos* à divisão do trabalho fabril, como se fossem resultados unicamente do arbítrio e contingência, em última instância, de uma "necessidade" histórica decorrente da abstração da *vontade individual*.

---

29. MARX, K., idem.

A autoridade incondicional que o capitalista detém, iniciada com a cooperação quando o capitalista representa a unidade e vontade do corpo de trabalho, intensifica-se com a hierarquização imposta pelo trabalho parcial na manufatura e se completa com a grande indústria, pela instituição da maquinaria, com a cisão entre ciência e força de trabalho, antes unidas no camponês autônomo ou trabalhador manual, tudo e todos agora a serviço da produção de mais-valor.[30] A dimensão subjetiva do trabalhador é completamente suplantada pela existência material da maquinaria, assim como a identificação imediata do capitalista como unidade e vontade do corpo de trabalho. A ciência da natureza torna-se a "consciência" da produção capitalista que substitui a rotina baseada na experiência: "Enquanto maquinaria o meio de trabalho passa a receber um modo de existência, que condiciona a substituição da força de trabalho humana pelas forças naturais e as rotinas mediadas pela experiência pela aplicação consciente da ciência da natureza".[31] Essa substituição será fundamental, pois os efeitos indiretos, antes de qualquer salto "filosófico" apressado entre *noumenon e phainomenon*, implicam uma reorganização e redistribuição do controle dos centros de produção de saber nas universidades, delimitando a centralidade das ciências da natureza. A oposição entre materialismo e idealismo poderá assim alcançar um núcleo social de reflexividade. As ciências da natureza terão um papel fundamental como um dos pontos constitutivos da "consciência" da sociedade civil-burguesa, fundamental para entender a subsunção intelectual efetiva do trabalho ao capital, às potências de controle das forças produtivas. Uma "consciência" impessoal que necessariamente irá se formar *a partir e para além* de qualquer dicotomia entre sujeito e objeto, autonomia da vontade e autonomia da natureza, autonomia da vontade subjetiva-individual e autonomia da vontade objetiva-social.

30. MARX, K., op. cit., p. 377
31. MARX, K., op. cit., p. 407.

Na sua dimensão concreta, o neokantismo pode ser, portanto, compreendido como uma das expressões do processo de legitimação da dominação da relação-capital por meio do movimento de suas "formas de consciência". É justamente aqui que o problema de uma ética transcendental ganha sentido, na relação entre *autonomia da vontade* e *legitimação do monopólio da dominação racional-violenta*, não apenas pelo Estado e pela forma da política, do direito, ou pelas racionalidades de gerenciamento social, mas como tentativa de tradução filosófica do enfrentamento do automatismo por meio do qual a realidade efetiva se impõe enquanto potência estranha (*fremde Macht*), fazendo com que o mundo apareça, ao mesmo tempo, como *possível* representação universal do gênero racional humano e como *necessária* imposição objetiva de um conteúdo empírico que escapa a qualquer representação subjetiva possível. A ilusão de adequação a essa contradição é o lugar de conforto do estranhamento-de-si da burguesia, que assume tal ilusão como seu próprio poder, mas de aniquilação do proletariado a quem está dada, no chão da história, a impossibilidade de adequação a ela.

TODO O EFETIVO É IRRACIONAL, TODO O IRRACIONAL É EFETIVO

A irracionalidade torna-se estrutural na medida em que a materialidade da história é recusada por uma subjetividade forjada que sempre já não alcançou a concretude do movimento histórico. A expansão da relação-capital determina o ritmo da miséria da razão e seu novo *Standpunkt*, um movimento mais do que transparente já em 1886 na Alemanha:

> E, no âmbito das ciências históricas, incluindo a filosofia, desapareceu, junto à filosofia clássica, com maior razão, o velho espírito teórico-brutal (*theoretisch-rücksichtslose*): ecletismo desprovido de pensamento, preocupação angustiada com carreiras e rendimentos descendo até ao arrivismo (*Strebertum*) mais ordinário, tomam seu lugar. Os representantes oficiais desta ciência tornaram-se ideólo-

gos não encobertos da burguesia e do Estado existente — mas em um tempo em que ambos estão em oposição aberta à classe trabalhadora.[32]

A crítica brutal da realidade efetiva é ainda a tarefa. Como Marx menciona na conhecida carta a Ruge, onde reflete a situação política na Alemanha em 1843 e a função do crítico, este não pode retirar suas "armas" da história da filosofia, do direito ou da economia, mas da "*crítica brutal de toda realidade dada*"[33] (*die rücksichtlose Kritik alles Bestehenden*), ou seja, da crítica que tem em vista o todo de uma tradição que se estabilizou (*Bestehende*) e cujos elementos, justamente por isso, *aparecem como necessários* no presente. A ciência crítica da história, que opera sem restrições, que faz a *crítica brutal da realidade*, é aquela que trabalha *no interior do movimento de realização* da "determinação ideal e seus pressupostos efetivos", *a partir e para além da necessidade do movimento*.

Apenas assim a crítica consegue ser "brutal" ou "sem restrições" (*rücksichtlos*), como define Marx, "tanto no sentido de não poder temer os seus próprios resultados quando no sentido de não poder temer os conflitos com os poderes estabelecidos".[34] A filosofia alemã, que tem como auge a dialética hegeliana, antes de ser absorvida pela consolidação do mundo burguês na Alemanha pós-1848, vendo "*de fora*" o avanço da relação-capital na França e Inglaterra, estava ainda em condições de questionar a *necessidade do movimento para si*, até o momento que esse mesmo movimento se torna sua *própria necessidade* e é incorporado pelas suas próprias restrições.

---

32. *Ludwig Feuerbach e o fim da filosofia clássica alemã* (parte IV).
33. MARX, K. *Deutsche Französische Jahrbücher 1. Doppellieferund*, Februar, 1844. In: MARX, K.; ENGELS, F. Werke. Band 1. Berlin/DDR: Dietz Verlag, 1976, p. 344.
34. MARX, K., idem.

COLEÇÃO HEDRA

1. *Iracema*, Alencar
2. *Don Juan*, Molière
3. *Contos indianos*, Mallarmé
4. *Auto da barca do Inferno*, Gil Vicente
5. *Poemas completos de Alberto Caeiro*, Pessoa
6. *Triunfos*, Petrarca
7. *A cidade e as serras*, Eça
8. *O retrato de Dorian Gray*, Wilde
9. *A história trágica do Doutor Fausto*, Marlowe
10. *Os sofrimentos do jovem Werther*, Goethe
11. *Dos novos sistemas na arte*, Maliévitch
12. *Mensagem*, Pessoa
13. *Metamorfoses*, Ovídio
14. *Micromegas e outros contos*, Voltaire
15. *O sobrinho de Rameau*, Diderot
16. *Carta sobre a tolerância*, Locke
17. *Discursos ímpios*, Sade
18. *O príncipe*, Maquiavel
19. *Dao De Jing*, Lao Zi
20. *O fim do ciúme e outros contos*, Proust
21. *Pequenos poemas em prosa*, Baudelaire
22. *Fé e saber*, Hegel
23. *Joana d'Arc*, Michelet
24. *Livro dos mandamentos: 248 preceitos positivos*, Maimônides
25. *O indivíduo, a sociedade e o Estado, e outros ensaios*, Emma Goldman
26. *Eu acuso!*, Zola | *O processo do capitão Dreyfus*, Rui Barbosa
27. *Apologia de Galileu*, Campanella
28. *Sobre verdade e mentira*, Nietzsche
29. *O princípio anarquista e outros ensaios*, Kropotkin
30. *Os sovietes traídos pelos bolcheviques*, Rocker
31. *Poemas*, Byron
32. *Sonetos*, Shakespeare
33. *A vida é sonho*, Calderón
34. *Escritos revolucionários*, Malatesta
35. *Sagas*, Strindberg
36. *O mundo ou tratado da luz*, Descartes
37. *O Ateneu*, Raul Pompeia
38. *Fábula de Polifemo e Galateia e outros poemas*, Góngora
39. *A vênus das peles*, Sacher-Masoch
40. *Escritos sobre arte*, Baudelaire
41. *Cântico dos cânticos*, [Salomão]
42. *Americanismo e fordismo*, Gramsci
43. *O princípio do Estado e outros ensaios*, Bakunin
44. *O gato preto e outros contos*, Poe
45. *História da província Santa Cruz*, Gandavo
46. *Balada dos enforcados e outros poemas*, Villon
47. *Sátiras, fábulas, aforismos e profecias*, Da Vinci
48. *O cego e outros contos*, D.H. Lawrence
49. *Rashômon e outros contos*, Akutagawa
50. *História da anarquia (vol. 1)*, Max Nettlau
51. *Imitação de Cristo*, Tomás de Kempis
52. *O casamento do Céu e do Inferno*, Blake
53. *Cartas a favor da escravidão*, Alencar
54. *Utopia Brasil*, Darcy Ribeiro

Adverte-se aos curiosos que se imprimiu este livro em nossas oficinas, em 13 de novembro de 2020, em tipologia Formular e Libertine, com diversos sofwares livres, entre eles, LuaLaTeX, git & ruby.
(v. 5182578e)

8. *Diário de um escritor* (1873), Dostoiévski

«SÉRIE SEXO»

1. *A vênus das peles*, Sacher-Masoch
2. *O outro lado da moeda*, Oscar Wilde
3. *Poesia Vaginal*, Glauco Mattoso
4. *Perversão: a forma erótica do ódio*, Stoller
5. *A vênus de quinze anos*, [Swinburne]
6. *Explosao: romance da etnologia*, Hubert Fichte

COLEÇÃO «QUE HORAS SÃO?»

1. *Lulismo, carisma pop e cultura anticrítica*, Tales Ab'Sáber
2. *Crédito à morte*, Anselm Jappe
3. *Universidade, cidade e cidadania*, Franklin Leopoldo e Silva
4. *O quarto poder: uma outra história*, Paulo Henrique Amorim
5. *Dilma Rousseff e o ódio político*, Tales Ab'Sáber
6. *Descobrindo o Islã no Brasil*, Karla Lima
7. *Michel Temer e o fascismo comum*, Tales Ab'Sáber
8. *Lugar de negro, lugar de branco?*, Douglas Rodrigues Barros

COLEÇÃO «ARTECRÍTICA»

1. *Dostoiévski e a dialética*, Flávio Ricardo Vassoler
2. *O renascimento do autor*, Caio Gagliardi

112. *Viagem aos Estados Unidos*, Tocqueville
113. *Émile e Sophie ou os solitários*, Rousseau
114. *Manifesto comunista*, Marx e Engels
115. *A fábrica de robôs*, Karel Tchápek
116. *Sobre a filosofia e seu método — Parerga e paralipomena (v. II, t. I)*, Schopenhauer
117. *O novo Epicuro: as delícias do sexo*, Edward Sellon
118. *Revolução e liberdade: cartas de 1845 a 1875*, Bakunin
119. *Sobre a liberdade*, Mill
120. *A velha Izerguil e outros contos*, Górki
121. *Pequeno-burgueses*, Górki
122. *Um sussurro nas trevas*, H.P. Lovecraft
123. *Primeiro livro dos Amores*, Ovídio
124. *Educação e sociologia*, Durkheim
125. *Elixir do pajé — poemas de humor, sátira e escatologia*, Bernardo Guimarães
126. *A nostálgica e outros contos*, Papadiamántis
127. *Lisístrata*, Aristófanes
128. *A cruzada das crianças/ Vidas imaginárias*, Marcel Schwob
129. *O livro de Monelle*, Marcel Schwob
130. *A última folha e outros contos*, O. Henry
131. *Romanceiro cigano*, Lorca
132. *Sobre o riso e a loucura*, [Hipócrates]
133. *Hino a Afrodite e outros poemas*, Safo de Lesbos
134. *Anarquia pela educação*, Élisée Reclus
135. *Ernestine ou o nascimento do amor*, Stendhal
136. *A cor que caiu do espaço*, H.P. Lovecraft
137. *Odisseia*, Homero
138. *O estranho caso do Dr. Jekyll e Mr. Hyde*, Stevenson
139. *História da anarquia (vol. 2)*, Max Nettlau
140. *Eu*, Augusto dos Anjos
141. *Farsa de Inês Pereira*, Gil Vicente
142. *Sobre a ética — Parerga e paralipomena (v. II, t. II)*, Schopenhauer
143. *Contos de amor, de loucura e de morte*, Horacio Quiroga
144. *Memórias do subsolo*, Dostoiévski
145. *A arte da guerra*, Maquiavel
146. *O cortiço*, Aluísio Azevedo
147. *Elogio da loucura*, Erasmo de Rotterdam
148. *Oliver Twist*, Dickens
149. *O ladrão honesto e outros contos*, Dostoiévski
150. *O que eu vi, o que nós veremos*, Santos-Dumont
151. *Sobre a utilidade e a desvantagem da história para a vida*, Nietzsche
152. *Édipo Rei*, Sófocles
153. *Fedro*, Platão
154. *A conjuração de Catilina*, Salústio

«SÉRIE LARGEPOST»

1. *Dao De Jing*, Lao Zi
2. *Cadernos: Esperança do mundo*, Albert Camus
3. *Cadernos: A desmedida na medida*, Albert Camus
4. *Cadernos: A guerra começou...*, Albert Camus
5. *Escritos sobre literatura*, Sigmund Freud
6. *O destino do erudito*, Fichte
7. *Diários de Adão e Eva*, Mark Twain

55. *Flossie, a Vênus de quinze anos*, [Swinburne]
56. *Teleny, ou o reverso da medalha*, [Wilde et al.]
57. *A filosofia na era trágica dos gregos*, Nietzsche
58. *No coração das trevas*, Conrad
59. *Viagem sentimental*, Sterne
60. *Arcana Cœlestia e Apocalipsis revelata*, Swedenborg
61. *Saga dos Volsungos*, Anônimo do séc. XIII
62. *Um anarquista e outros contos*, Conrad
63. *A monadologia e outros textos*, Leibniz
64. *Cultura estética e liberdade*, Schiller
65. *A pele do lobo e outras peças*, Artur Azevedo
66. *Poesia basca: das origens à Guerra Civil*
67. *Poesia catalã: das origens à Guerra Civil*
68. *Poesia espanhola: das origens à Guerra Civil*
69. *Poesia galega: das origens à Guerra Civil*
70. *O chamado de Cthulhu e outros contos*, H.P. Lovecraft
71. *O pequeno Zacarias, chamado Cinábrio*, E.T.A. Hoffmann
72. *Tratados da terra e gente do Brasil*, Fernão Cardim
73. *Entre camponeses*, Malatesta
74. *O Rabi de Bacherach*, Heine
75. *Bom Crioulo*, Adolfo Caminha
76. *Um gato indiscreto e outros contos*, Saki
77. *Viagem em volta do meu quarto*, Xavier de Maistre
78. *Hawthorne e seus musgos*, Melville
79. *A metamorfose*, Kafka
80. *Ode ao Vento Oeste e outros poemas*, Shelley
81. *Oração aos moços*, Rui Barbosa
82. *Feitiço de amor e outros contos*, Ludwig Tieck
83. *O corno de si próprio e outros contos*, Sade
84. *Investigação sobre o entendimento humano*, Hume
85. *Sobre os sonhos e outros diálogos*, Borges | Osvaldo Ferrari
86. *Sobre a filosofia e outros diálogos*, Borges | Osvaldo Ferrari
87. *Sobre a amizade e outros diálogos*, Borges | Osvaldo Ferrari
88. *A voz dos botequins e outros poemas*, Verlaine
89. *Gente de Hemsö*, Strindberg
90. *Senhorita Júlia e outras peças*, Strindberg
91. *Correspondência*, Goethe | Schiller
92. *Índice das coisas mais notáveis*, Vieira
93. *Tratado descritivo do Brasil em 1587*, Gabriel Soares de Sousa
94. *Poemas da cabana montanhesa*, Saigyō
95. *Autobiografia de uma pulga*, [Stanislas de Rhodes]
96. *A volta do parafuso*, Henry James
97. *Ode sobre a melancolia e outros poemas*, Keats
98. *Teatro de êxtase*, Pessoa
99. *Carmilla — A vampira de Karnstein*, Sheridan Le Fanu
100. *Pensamento político de Maquiavel*, Fichte
101. *Inferno*, Strindberg
102. *Contos clássicos de vampiro*, Byron, Stoker e outros
103. *O primeiro Hamlet*, Shakespeare
104. *Noites egípcias e outros contos*, Púchkin
105. *A carteira de meu tio*, Macedo
106. *O desertor*, Silva Alvarenga
107. *Jerusalém*, Blake
108. *As bacantes*, Eurípides
109. *Emília Galotti*, Lessing
110. *Contos húngaros*, Kosztolányi, Karinthy, Csáth e Krúdy
111. *A sombra de Innsmouth*, H.P. Lovecraft